Leuschnerdamm 31, 10999 Berlin

Coverfoto: Image Bank / Messens
Covergestaltung: Rudolph Haas
Druck: Clausen & Bosse, Leck
Printed in Germany

ISBN 3-86187-312-5

Rolf Winiarski

Aktiv Leben!

Das Programm für Schwule ab 35

BRUNO GMÜNDER

Inhalt

Vorwort

Was würdest du sagen, wenn du nach langer Zeit einen Bekannten wiedertriffst, der dir sagt: »Du hast dich überhaupt nicht verändert!« In einer Geschichte von Bert Brecht wird der so Angesprochene bleich und geht. Für ihn bedeutete das wohl den Stillstand der persönlichen Entwicklung, während auch äußerliche Veränderungen von ihm begrüßt wurden. Solch unterschiedliche Bewertungen kann man auch zwischen den Kulturen beobachten. Während die einen die Jugend vergöttern, sehen die anderen im Alten das Ideal – übrigens auch in der Erotik.

Könnte es sein, daß wir die Vorzüge des Älterwerdens manchmal unter den Tisch fallen lassen und – vom Jugendkult geblendet – argwöhnisch auf dessen Nachteile starren? Vielleicht, weil wir zu einer Generation gehören, die sich ein schwules Leben in späten Jahren noch gar nicht vorstellen kann, oder weil wir im Zeitalter gesellschaftlichen Umbruchs mit immer neuen Technologien konfrontiert sind, die den Trugschluß nahelegen, daß Erfahrung nichts mehr zählt? Oder weil wir ebenso kurzsichtig das inzwischen überholte Bild vom Alter verinnerlicht haben, nach dem älter zu werden nur Verlust bedeutet?

Ein Vergleich zeigt, wie wandelbar solche Vorstellungen sind:

Viele haben verinnerlicht, daß Schwulsein ›nichts Gutes‹ bedeutet, und haben nur noch gesehen, was sie dadurch alles nicht erleben können. In Punkto Schwulsein haben wir die Einstellungen geändert! Nach dem Coming-out wissen die meisten all das zu schätzen, was sie gewonnen haben, und beklagen kaum mehr die sicher auch existierenden Nachteile.

Könnte es sein, daß es mit dem Älterwerden ähnlich ist? Vielleicht sind wir aufgrund gesellschaftlicher Normen und verpatzten Coming-outs zu der Auffassung gekommen, das Älterwerden an sich (und besonders als Schwuler) sei ein Problem? Tatsache jedoch ist, daß – wie beim Schwulsein – alles davon abhängt, wie wir unser Leben gestalten und unseren Platz in der (schwulen) Welt einrichten. Möglicherweise bist du dafür besonders wichtig, denn es gibt bereits viele Veränderungen, die du für dich selbst und für alle anderen aufgreifen und weiterentwickeln kannst. Dein Beispiel kann wieder andere beflügeln, und eines Tages fragt sich vielleicht ein junger Schwuler, der in einer Bibliothek alte schwule Bücher durchstöbert: »Was hatten die damals bloß für Probleme?«

Negative und positive Lebensaspekte gibt es in jedem Lebensalter, und die vielen Gesprächspartner in diesem Buch belegen, daß Älterwerden keineswegs Abbruch bedeutet. Ob es dem Einzelnen gelingt, seinem Alter etwas abzugewinnen, hängt erheblich davon ab, ob er die Veränderungen, die er durchläuft, trotz mancher Nachteile zu nutzen weiß. Eines ist ganz sicher: Es gibt Schwule, die, unabhängig von ihrem Alter, sehr zufrieden und aktiv leben. Von ihnen kann jeder lernen, der Verstimmungen und Dauerfrust für unausweichlich hält.

Übrigens beginnt das Älterwerden für manche mit 17, für andere erst mit 70! Das beweist, daß die Probleme, die sich Menschen mit ihrem Alter machen, an kein bestimmtes Alter gebunden sind. Aus diesem Grunde habe ich das Buch auch nicht streng nach Altersgrupen gegliedert. Jeder kann von den anderen Altersgruppen profitieren – von höheren und von tieferen!

Ich wünsche dabei ein anregendes Lesevergnügen und Geduld mit sich selbst und anderen. Ganz gleich wie alt: Du kannst noch heute beginnen, deine Möglichkeiten ausschöpfen zu lernen, um aktiv zu leben. Viel Erfolg!

1

Mit dreissig zum alten Eisen?

wie man das dritte Nullen überlebt

Ich erzähle jetzt stellvertretend für so einige seines Jahrgangs die Geschichte eines Mittvierzigers, der als höchstes Gut ewige Jugend anstrebte. Nach Jahren mit innerem und äußerem Schönheitsstreß begann er, einen anderen Weg zu erkunden. Ihm geht es jetzt besser, obwohl er jetzt älter ist, als er sich vor zwanzig Jahren oft gefühlt hatte…

»Eigentlich fing es schon lange vor meinem dreißigsten Geburtstag an. Das Greisenalter. Den ersten Kreischanfall bekam ich, als mir jemand sagte: ›Deine Haare werden schütter‹. Nein, ich untertreibe. Er sagte etwas anderes: ›Du kriegst ja schon 'ne Platte.‹ Würg! Kann nicht sein. Ich schob das auf den Regen. Denn der Tag war eben regnerisch gewesen, und mein Schulfreund hatte meine Haare naß gesehen. Zusammengebackt also. Trocken waren sie doch okay! Äh… Waren sie das? Ich eilte ins Bad. Und föhnte, was es noch zu föhnen gab. Und war skeptisch doch, weil andere länger föhnten. Wieso waren meine Haare so schnell trocken? Ich wußte es nun: Sie waren eben dünner als anderer Leute Kopfschmuck. Besser gesagt: feiner. Das klang gleich viel besser. Und fühlte sich besser an. Allein die innere Überzeugung davon wollte sich nicht so ganz einstellen.

Denn fortan guckte ich in jeden Spiegel, der sich anbot, und sah weiße Flecken. Mal schob ich's auf das Licht, ein anderes Mal auf die Feinheit meiner Haare.

Ich war gerade 25. Dann fiel mir auf, bevor das jemand sagte: Meine Lachfalten sind reichlich tief. Und unsymmetrisch noch dazu. Und je länger ich guckte, desto mehr sah ich. Der Weg ins Greisentum schien vorgezeichnet. Eigentlich schon ab zwanzig. Nein, eigentlich schon als – ich weiß nicht wann – die ersten Brusthaare sprossen. Ein untrüglich-unübersehbares Zeichen für die Reifung. Und Reifung hoch zwei ist Alterung. Scheiße!

Das mußte ich unbedingt aufhalten. Denn ich sah mich schon vergilben. Und dann passierte noch etwas: Ich stand in der ersten Reihe in einer Fußgängerzone, wo eine Musikgruppe spielte. Da meinte ein vielleicht Sechzehnjähriger zu mir: ›Mach mal Platz, Opa, du bist nicht durchsichtig!‹ Das war der Stich in die Ferse des Achilles. Ich begann mich schlapp zu fühlen. Und trauerte über verlorenes Leben und Erleben. Alles vor dem richtigen Coming-out. Es mußte doch einen Weg geben, alles noch mal anzuhalten. Es mußte, weil ich daran Wohl oder Wehe festmachte. Ich war der festen Überzeugung, als Opa no future zu haben.

Da boten sich diverse Helfer an: Apotheken, die Priorin – das Haarwuchsmittel für innere Anwendung – an Leute wie mich zu bringen versuchten. Dann kam die Hobbythek mit ihrem naturreinen Kosmetikkurs, die empfahlen Kopfhautmassagen mit verdünntem Apfelessig und zum Frühstück Hirsebrei. Das war die Zeit des Wirtschaftsaufschwungs, denn die Mengen Essig, Hirse und Priorin, die ich so benötigte, um mich zu beruhigen, war kaum noch mit Bafög finanzierbar. Später kamen Hormon- und hormonähnliche Präparate zum einkneten hinzu. Dann Vitaminkapseln und Mineralstoffe – allen voran Kieselsäure. Und prophylaktisch gegen noch nicht recht spürbare

Alterserscheinungen schluckte ich Knoblauchperlen und Distelextrakt – letzterer auch wieder für die unterstützende Haarwäsche geeignet. Am meisten stank die Bierspülung, die kaputt(gepflegt)es Haar wieder hochbrezeln sollte. Gegen die Lachfalten und Krähenfüße bemühte ich Quark und Gurke. Gegen Augenringe kalte Pressungen. Und zur Straffung die Algenmaske aus dem Reformhaus.

Die Zeit lief spürbar. Und ich kämpfte gegen ihre Spuren und vermeintlichen Spuren. Morgens und abends. Und Mittags durch Salate und Vollkornbratlinge von innen. Marzipanfreßanfälle zwischendurch verzieh ich mir nur zögerlich. Zumal auch in der Bauch-Hüftregion nicht alles mit mir stimmte. Aber Fitneß-Studios gab es ja noch nicht. Und bei der Gymnastik waren damals im wesentlichen schwangere Frauen oder Lehrerinnen, deren Gatte Volleyball spielte.

Aber Laufen begann ›in‹ zu werden. Ich schuftete mich durch den Naherholungspark, um Jahresringe, oder was ich dafür hielt, abzubauen. Der Kampf gegen die Zeit wurde ein Faß ohne Boden. Denn nun entdeckte ich immer mehr Makel. Die Coverboys auf Du&Ich sahen alle so glatt und schlank aus. Und ich spürte mein Ende bei spätestens dreißig herbeieilen. Und solche Boys würden mich bald nicht mal mehr von hinten ansehen. Schrecklich! Beim Blick nach vorn erschienen in meinem Klischeekopf nur noch die ›gebildeten homophilen Herren‹, die Oberprimaner unterhalb der Gürtellinie erziehen wollten. Womöglich mit dicken Siegelringen an den zittrigen Pranken, kettenbehangen oder mit Nerzstola und einem kleinen weißen Schoßhündchen – so ihnen niemand anders die Erziehungsberechtigung erteilen sollte. Scheiße! Das bin bald ich!

Das ist jetzt über zwanzig Jahre her. Und ich lebe immer noch. Und zwar besser als damals. Wie das kam? Die Wende begann ich vielleicht mit meinem ersten Freund, aber ich brauchte länger, bis ich meine Vorstellungen vom Älterwerden revidieren konnte. Im Laufe der Jahre lernte ich mich als begehrenswertes Objekt kennen. Mir fiel plötzlich auf, daß mein Freund auf ganz andere Dinge abfuhr als ich. Daraus zog ich die Erkenntnis, daß ich meinen angeblichen Makeln wohl eine ganz andere Bedeutung gab als mein Lover.

Er sah viele schöne, ihn antörnende Seiten an mir, die ich überhaupt nicht erkannt hatte. Ich begann zu begreifen und mir klarzumachen, daß es keine allgemeinverbindlichen Kriterien für Schönheit gibt und daß Jugendlichkeit – bzw. das, was ich dafür hielt – nicht alle schön finden. Klingt einfach. Aber das Einfache auch anzuwenden, kann schwer sein.«

Wenn du ähnliche Erfahrungen auch schon gemacht hast, fragst du dich vielleicht: Wieso schaffe ich das nicht, meine Horrorvisionen zu verbannen? Vielleicht gibst du sogar auf, weil du nicht glaubst, daß dir das was bringt, obwohl du alle Ideen, wie du dich besser mit deiner Zukunft arrangieren könntest, schon in dir trägst. Ich meine, das ist wie in der Fahrschule: Man kann schon nach der ersten Stunde gasgeben, bremsen und lenken. Aber macht man das deshalb auch schon immer im richtigen Moment? Das hieße, man wäre schon ein guter Fahrer, nur weil man die Grundelemente verstanden hat! Genau das kann man aber noch nicht. Man muß schrittweise lernen, seine Kenntnisse in der Praxis einzusetzen. Und so ist das auch bei anderen Dingen. Wir üben, unser Wissen einzusetzen, bis das mit schlafwandlerischer Sicherheit funktioniert.

Und wie hat der obige Mittvierziger das bewerkstelligt?

Er begann sich bewußtzumachen, daß seine Maßstäbe, die er an sich angelegt hatte, unsinnig und für andere unbedeutend sind. »Darauf richtete ich auch über diese Beziehung hinaus mein Augenmerk.« Immer wieder praktizierte er das. Wenn er sich schlecht fühlte, schritt er zur Gegenwehr und holte sich in die Realität zurück. Und Realität heißt, daß die Selbsteinschätzung Geschmackssache ist.

Ein Tagebuch kann bei dieser Neuorientierung sehr helfen. Denn es hält dir deine neuen Einsichten immer wieder vor, wenn du sie zu vergessen drohst oder es dir schwerfällt, sie umzusetzen. »Ich blätterte dann zurück – zu Tagen, an denen ich mich gutgefühlt hatte. Und immer wieder wurde mir klar: An diesen Tagen war ich doch derselbe Mensch mit genau denselben körperlichen Merkmalen. Also konnte das Gefühl zu mir selbst unmöglich mit meinem Äußeren etwas zu tun haben. Es konnte nur an meiner Selbstsicht liegen. Daran, welche Bedeutung ich meiner Erscheinung und meinem Alter jeweils gab. Ich versuchte meine Selbstwahrnehmung aus guten Tagen in den schlechteren zu aktivieren.«

Echt Arbeit, aber sie hat sich gelohnt. Er wurde über die Jahre immer zufriedener und hat diese Angst vor der Zukunft nicht mehr. Obwohl er jetzt über vierzig ist, läßt er sich nicht mehr erzählen, daß irgendeine weitere Null große Bedeutung hat! Denn: »Bislang haben sich all meine Befürchtungen zerstoben, und ich lebe ein ausgefülltes Liebesleben. Und je älter ich wurde, um so attraktiver finde ich Ältere. So wie ich mich heute anders betrachte, erblicke ich auch bei anderen meines Alters heute einfach mehr, was meinen Blick anzieht. Ich glaube, was ich früher Jugendlichkeit genannt habe, war Vitalität. Und in jungen Jahren ist Jugendlichkeit ein typischer Ausdruck dafür. In späteren Jahren zeigt diese anziehende Vitalität sich einfach anders. Und ich werde noch älter und bin sehr gespannt, was ich dann geil finden werde. Vielleicht mich und meinesgleichen. Jedenfalls glaube ich, wer sich lieben lernt, gewinnt mehr Freiheit zu entscheiden, wen er liebt.«

Erik: »Dreißig werden«

Anfang der 80er Jahre war ich einer der wildesten Teens in meiner damaligen Provinzstadt. (Verflucht sei sie!). Ich hatte noch über zehn Jahre Zeit, bis ich das dreißigste Lebensjahr erreichen sollte. Die Zeit damals war geprägt von wilden Parties, weichen Drogen und viel Alkohol. Einer der großen Hits von Prince war damals »1999«, und wenn der Song dann lautstark aus irgendwelchen Boxen dröhnte, rechnete ich nach und dachte so für mich, »um Gottes willen, solltest du die Jahrtausendwende miterleben, dann wirst du 35 Jahre alt sein, und dann ist alles gelaufen. Dreißig Jahre zu werden war damals schon ein furchtbarer Gedanke für mich, verbunden mit Assoziationen wie Häuslichkeit, 'ner Tüte Chips und 'nem Bier vorm Fernseher, Auto, 2 Zi.-Wohnung mit Ledermöbeln und 'nem Bierbauch. Typisch deutsch-spießige Gemütlichkeit eben.

Wenn Prince dann sang »Tonight we're gonna Party like it's 1999«, wußte ich, daß ich meinen Dreißigsten bestimmt nicht feiern würde, als sei es der Anlaß eine Megafete zu starten. Ich hatte also schon Anfang Zwanzig Angst davor, älter zu werden. Ein Greuel war es mir auch zu wissen, daß ich nicht darum herumkommen würde, Dreißig zu werden. Dieses Gefühl blieb. Mit ca. 29 dachte ich oft an meinen dreißigsten Geburtstag, wenn ich in den Spiegel schaute. Ich sah den Baby- und Pubertätsspeck aus meinem Gesicht entschwinden und bemerkte, daß die Krähenfüße wuchsen. Ich beschrieb mich selbst zwar als »gutaussehender junger Mann«, dachte aber im gleichen Augenblick: »Himmel, du nullst bald!«

Der dreißigste Geburtstag war dann auch der absolute Alptraum für mich. Da lag ich dann völlig brach im Bett. Irgendwo in Quito bei einer ekuatorianischen Gastfamilie, die von meinem Geburtstag natürlich nichts wußte. Ich war so krank, daß ich kaum noch zum Klo kommen konnte, obwohl ich das zwanzig Mal am Tag mußte. Lebensmittelvergiftet und alternd kam ich dann stän-

dig am Spiegel vorbei. Ich war megablaß bis grünlich fahl und dachte: »So fühlt es sich also an, Dreißig zu sein. Schwach, eingefallen, alt und krank – Herzlichen Glückwunsch und toi toi toi!«

Heute, zwei Jahre später, denke ich anders über das Altern. Ich habe keinen Bierbauch und keine Ledermöbel. Chips, Fernseher und Bier genieße ich in Maßen. Ich denke auch nicht mehr in Jahrzehnten, das heißt, ich denke nicht mehr daran, wie schrecklich es sein muß, 40 zu werden. Ich habe in der Zeit von 27-32 gelernt, bestimmte Werte für mich zu verfolgen. Ich denke, der nächste Zeitabschnitt ist nicht auf zehn Jahre beschränkt, sondern daß die Zeit bis ans Ende meines arbeitsfähigen Alters wichtig sein wird. Ich fasse diesen Zeitabschnitt also ins Auge – dreißig weitere Jahre, voraussichtlich in schwulenfreundlicher Umgebung.

Heute, mit 32, habe ich gelernt schwul zu lieben, zu flirten und zu leben. Ich freue mich über diese Erfahrung und glaube, beziehungsfähig zu sein. Ich kann mir sowohl vorstellen, in einer festen Beziehung heranzuwachsen, als auch als Single »fortgeschrittenen Alters« zufrieden sein zu können. Ich denke, daß sich die schwule Kultur weiterentwickeln wird. Damit meine ich, daß z.B. mehr Begegnungs- und Berührungsmöglichkeiten für ältere Schwule in Form von emanzipierteren und selbstbewußteren Lebensphilosophien oder auch kulturellen Institutionen geben wird. Ich habe für mich persönlich vorgenommen, an dieser Entwicklung mitzuwirken, indem ich mich dem schwulen Leben stelle, auch wenn ich kein Twen mehr bin. Vielleicht hat dann ja auch mal eine Ledergarnitur in meiner Wohnung Platz. Auf jeden Fall werde ich mir nicht noch einmal, so wie in meiner Jugend, Zeitabschnitte rauben lassen.

2

Du bist der Jungbrunnen!

Irrtümer über das Älterwerden

Ah, Midlife-Nabelschau des gemarterten Junggesellen am Ende dieses vertrackten Jahrhunderts! Ah, die bonbonfarbenen Subtilitäten bürgerlicher Achterbahnpsychen! Ah, die existentiellen Spiegelsäle im Eispalast der mittleren Jahre! Soll der alternde Homosexuelle, vor dessen geistigem Auge in taubengrauen Stunden bedrohlich gewisse morbide Bilder aus ›Tod in Venedig‹ oder ›The Boys in the Band‹ aufdämmern, es nun mit Ingeborg Bachmann halten, nach deren Meinung jede Jugend die dümmste ist, oder soll er etwa bei Oscar Wilde Rat suchen, nur um festzustellen, daß der Pate selbst geteilter Meinung war, was dieses Thema betrifft? Einerseits meint er, daß »das Problem mit der Jugend ist, daß sie an die Jungen verschwendet ist«, andererseits hat er älteren Menschen keinen Trost anzubieten: »Sobald die Leute alt genug sind, es besser zu wissen, wissen sie überhaupt nichts mehr.« Sprechen wir also davon, was es heißt, im Homoland das Verfallsdatum überschritten zu haben, also – hüstel, hüstel – um die 40 und darüber zu sein.

Mein Freund Richard verspürt dieses leidige Verlangen in letzter Zeit verstärkt, unweigerlich führt jedes Gespräch, selbst wenn es sich um so entfernte Themen wie Madame Curie, Borges und Franzosenweine dreht, darauf hin. Neulich saßen wir wieder mal bei makrobiotischem Käsekuchen ohne Schlagsahne in einem schwulen Café, und Richard hatte etwas auf dem Herzen. »Ich habe da ein Problem...« – »Oh nein«, ich darauf, »nicht schon wieder diese romantischen Verwicklungen! Du bist 37, und du solltest es allmählich echt besser wissen. Und was soll ich dir schon sagen? Du hast doch auf jeden Fall immer recht! Sex lohnt nicht. Oder war das umgekehrt? Also mach ihn schnell, hart und erfolgreich, wenn du mich fragst. Wie war die Frage?«

Aber darum ging es überraschenderweise nicht: Richard war vom faltenreichen Mantelsaum des Alters gestreift worden. Ich versuchte, uns mit einem philosophischen »Es gibt keinen Ausweg aus der Falle der Zeit« zu beruhigen und mit dem Hinweis auf mein eigenes Alter. »Was soll ich sagen? Ich bin auf der Homopiste ein sexuelles Irrlicht!« – »Klar, du bist 40plus«, zischt Richy, »vor allem, wenn man die verlorenen Wochenenden in der Subkultur abzieht.« Okay, touché.

Aber um gleich Klarheit zu schaffen: Richard mag 37 sein, aber er ist gebildet, er sieht ganz gut aus – nicht nur gut mumifiziert –, hat einen interessanten Job und einen bislang wenig neurotischen Charakter, was sich aufgrund dieses neuentdeckten Altersblues aber ändern mag. Richards Waterloo ereilte ihn beim Besuch eines schwulen Tanztees, wo er plötzlich jemanden das dumm-fatale »Was will der Opa denn hier?« hinter sich sagen hörte. Richard drehte sich um, und die mißbilligenden Blicke zweier halbnackter Techno-Jünger auf Drogen trafen ihn. Er war gemeint!!! Das war der Anfang, der Apfel der Erkenntnis sozusagen: Richard hatte plötzlich das Brachland des Homosexuellen mittleren Alters betreten, den Schraubstock der Jahre. »Noch bin ich jung, ich will was erleben!« kreischte er mir neulich telefonisch zu. »Bleib ruhig«, kreischte ich zurück, »weißt du denn nicht, daß das Unglück nur jungen Menschen steht?«

»Aber was soll ich denn tun?« greinte es mir im Tonfall eines Klageweibes entgegenentgegen. »Sei stilbildend! Andere Perspektiven

entwickeln, dir einen Stricher genehmigen, Gemüse anbauen, deine geistigen Interessen verfeinern, es gelassen nehmen und deinen Humor und dein Konto pflegen.

Was ist Richards Problem? Dadurch, daß er sich täglich im Spiegel sieht, stellt sich ihm der eigene Alterungsprozeß mit Weichzeichner dar. Andererseits schockiert, wie ich ihm zu bedenken gab, das Spiegelbild nur noch jemanden, dem die symbolische Funktion des Spiegels unbekannt ist. Richards mentales Alter ist vielleicht Mitte 20, und er hat erfolgreich verdrängt, daß auch im Reich der Phantasie die Kalenderblätter fallen.

Und was heißt denn schon »älterer« Mann? Älter als was? Andere Männer? Die Alpen? Wann wird aus einem »jungen« Mann ein »älterer« Mann? Wann wird aus einem »älteren« Mann einfach ein »alter« Mann? Was soll das alles? Tatsächlich hat der Zustand des Älterseins wenig mit dem Alter zu tun. Man wird nicht plötzlich »älter«, wenn man 30 oder 40 wird. Älter zu werden hat mit wesentlich mehr zu tun als mit dem Ablauf der Zeit.

Was also macht den idealen »älteren« Schwulen aus? Es ist eine Frage der Einstellung und gelassener Selbstsicherheit. Die Karneval-Platitüde »Man ist nur so jung, wie man sich fühlt« ist sowohl eine Lüge als auch eine Wahrheit. Keine Lüge ist der Ausdruck »innere Schönheit« und die Tatsache, daß jedes Alter seine ihm eigene Form der Erotik hat.

Die Schönheit der Jugend, die uns die Medien so geballt pausenlos aufdrängen, ist ein Euphemismus für unerfahrene Gesichtslosigkeit. Gelebtes Leben beinhaltet die Annahme geistiger Narben – man kann es auch Charakter nennen. Ältere Schwule, die nicht ewig einem jugendlichen Wahn und schließlich dem Marilyn-Syndrom verfallen, wissen, daß intensive Sinnlichkeit natürlich von engen T-Shirts, aber ebenso von einer emotional reifen Selbstsicherheit ausgehen kann. Klasse und Stil ist etwas, über das junge Schwule in den wenigsten Fällen verfügen. Nun, sie mögen phantastisch aussehen, und mir persönlich gefällt es, mich mit ihnen zu zeigen, aber ansonsten sind junge Männer oft langweilig. Sie sollten ganz und gar damit beschäftigt sein, gut auszusehen und ihre Schönheit zu erforschen.

Immer wieder hört man ältere Schwule sagen: »Ich bin gern mit Jüngeren zusammen, weil es mich, äh, jung hält.« Aber ist es nicht peinlich, ein- und dieselbe Generation zu mimen? Diese Verhältnisse haben etwas ziemlich Vampirhaftes, so als könnte man dem Frischfleisch die Jugend stehlen. Von Älteren gibt es tatsächlich mehr zu holen, man kann etwas von ihnen lernen. Andererseits ist es natürlich immer besser, 23 statt 43 zu sein. Die Leute sagen immer: »Ach, neunzehnhundertsoundso war wirklich die beste Zeit in dieser Stadt«, und dann fügen sie die Jahreszahlen ein, in denen sie 23 waren.

Aber: Ich glaube nicht, daß die Skepsis der mittleren Jahre besser ist als der Optimismus der Jugend, nur weil er danach kommt. Es gibt Dinge, die ein junger Mensch weiß, die wahr sind und an die sich ein älterer Mensch einfach noch nicht zurückerinnern kann. Der Frühling hat seine eigene schnippische Weisheit. Smarte junge Schwule sind gern mit älteren Schwulen zusammen. Das hat nichts mit jugendlicher Unsicherheit oder einem unbewältigten Vaterkomplex zu tun. Und selbst wenn es in einem solchen Verhältnis eine gewisse Rolle spielen würde, so ist das einzig Gemeinsame an einem älteren Schwulen und einem Vater, daß beide wissen, daß das Leben eine komplexe Angelegenheit und daß Erfahrung alles ist. Und daß man von Fremden keine Bonbons annehmen sollte.

Leider ist ein intensives, inniges Verhältnis zwischen jüngeren und älteren Schwulen sozial stigmatisiert, man macht sich darüber meistens lustig und hält es für ziemlich tragikomisch und ordnet es unter die Kategorie »Sugar Daddy« ein. Aber was war mit Luchino Visconti und Helmut Berger? Und was mit Jean Cocteau und Jean Marais? In einer idealen Situation geht es im Verhältnis zwischen Älterem und Jüngerem nicht um Rollenspiele und um die Verleugnung der persönlichen Identität, sondern wie in jeder

Beziehung um Erotik, Vertrauen, Identität und Projektion, um Kommunikation und vielleicht sogar um sexuelles Verlangen. Der Jüngere kann eine revitalisierende Unschuld beisteuern, der Ältere die Dynamik der Erfahrung. Ältere Schwule haben mehr getan, mehr gefühlt, haben ein voller realisiertes Bewußtsein. Und ja, vielleicht sind sie sogar besser im Bett. Wenn ältere Schwule gut sind, dann sind sie wirklich gut. Mit ihnen zusammenzusein heißt, daß man schnell erwachsen werden muß, was immer eine gute Sache ist. Wer hat nicht schon die Erfahrung gemacht, daß Eltern rebellischer und amüsanter waren als ihre Kinder? Würden wir lieber mit dem blöden Marky Mark zum Essen gehen oder mit Sean Connery?

Schwule über 40. Das ist oft kein erfreuliches Kapitel, falls kein Regulativ vorhanden ist und dies dann zu einem Langzeitdesaster führen kann. Ein Blick in Kneipen, in denen bevorzugt ältere Schwule mit Savonarola-Mienen zusammengerottet unter sich bleiben, ist ein Quell der Tristesse, bei dem nur das Bier sprudelt. Es wird Zeit, daß die Schwulen um 40 ein Selbstbewußtsein entwickeln, das sich nicht nur in der trotzigen Abschottung gegen die Jugend ergeht. Warum sich eigentlich nicht per Schleudersitz aus dem Laufrad der Szene katapultieren?

Zu schreiben wäre ein Manifest für den neuen Schwulen in dem gewissen Alter. Dessen Coming-out steht an, wenn man des Gefühl hat, zwischen den Standards von mindestens zwei Generationen zu driften, und wenn man erkennt, daß der Begriff »Jeansboy« nicht länger in Einklang zu bringen ist mit der eigenen Person und mit der Postmoderne. Besser als greinen ist es, die Codes in Frage zu stellen, denen wir folgen, und neue zu schaffen. Es gibt immer einen Grund, sich unattraktiv und ungeliebt zu fühlen – solche Augenblicke der Fremddefinition sind verständlich, aber sie müssen unter Einsatz des eigenen Kopfes und harte Arbeit unter Kontrolle gebracht werden. Sie sind Ballast und Hindernis, sie sind überholt und hinfällig.

(Auszug aus: »Oldie but Goldie« in: Egbert Hörmann: *Hurra ein Junge! Ein schriller Streifzug durch schwule Welten.* Bruno Gmünder Verlag 1997.)

Ausgerechnet von Schwulen zwischen zwanzig und dreißig höre ich oft: »Ich fühle mich so alt.« In so einem Fall weiß ich, daß er die Verantwortung für seine Gefühle der Biologie zuschustert. Das hat Vorteile: Wenn ich meine, mein mieses Gefühl hätte etwas mit meinem Alter zu tun, brauche ich nicht mehr zu überlegen, was ich tun kann, um besser draufzukommen und meine Möglichkeiten zu nutzen. Ich kann verharren und murren, ohne Enttäuschungen zu riskieren, denn ich habe schon entschieden: Nichts geht mehr!

So wird manch einer genau den Zustand erhalten, den er als sich »Altfühlen« beklagt: Den Zustand, in dem er nichts mehr tun muß, weil er nichts zu gewinnen hat. Er zementiert seine Passivität und Aussichtslosigkeit, indem er sich vormacht, das »Alter« sei schuld. Nichts Neues: Düstere Prophezeiungen erfüllen sich von selbst!

Wer sich heute alt fühlt, fühlt sich morgen noch älter. Leider, denn in Wirklichkeit gibt es kein solch mieses Gefühl, das notwendigerweise mit dem Alter zu tun hat. Und eben das ist vermeidbar, wenn man bereit ist, einmal näher hinzuschauen. Belauschen wir dazu ein Gespräch mit Michael, der gerade dreißig geworden ist.

Michael: Ich fühle mich alt.
Rolf Winiarski: Ist Alter ein Gefühl?
Michael: Na eigentlich nicht…
R.W.: Sondern?
Michael: Das ist eher eine Tatsache, aber auch mehr, ich meine, ich fühl' mich dann schlecht.
R.W.: Wann dann?

Michael: Wenn ich so denke, eigentlich bin ich schon viel zu alt.
R.W.: Jetzt verstehe ich dich! Du fühlst dich schlecht, weil du glaubst, für irgend etwas zu alt zu sein – für was denn?
Michael: Zu alt, um noch all das zu erleben, was andere schon in meinem Alter erlebt haben.
R.W.: Zum Beispiel?
Michael: Na ganz viele Beziehungen, auch längere.
R.W.: Du meinst, mit dreißig kannst du keinen Partner mehr finden?
Michael: Das wäre wohl übertrieben.
R.W.: Halte das fest: Ich habe noch die Möglichkeit, einen Partner zu finden.
Michael: Ja, aber ich habe nicht mehr so viel Zeit wie ein Achtzehnjähriger.
R.W.: Stimmt. Ein Säugling hat mit etwas Glück noch mehr Zeit!
Michael: (lacht) Du meinst, es ist natürlich, daß man immer weniger Zeit hat, und ich soll mich damit abfinden?
R.W.: Hast du eine bessere Lösung?
Michael: Nein, natürlich nicht, aber das ist gerade mein Problem.
R.W.: Welches Problem meinst du?
Michael: Das Altwerden.
R.W.: Wo ist das Problem?
Michael: Sich schlecht fühlen.
R.W.: Du meinst, mit dreißig fühlen sich automatisch alle Leute schlecht?
Michael: Nein. Du verstehst mich nicht.
R.W.: Bisher habe ich verstanden, daß du dich schlecht fühlst, vermutlich deprimiert. Und du meinst, das sei zwangsläufig so, weil du dreißig bist. Richtig?
Michael: Ja. Zumindest bei mir.
R.W.: Verstehe ich dich da richtig? Es gibt also andere Men-

schen, die ebenso alt oder sogar älter sind als du und die sich nicht niedergeschlagen fühlen?
Michael: Ja, das schon. Aber...
R.W.: Aber du fühlst dich schlecht. Wie machen das denn andere, wenn sie daran denken, daß sie keine Twens mehr sind und sich dennoch gut fühlen?
Michael: Die sehen das wohl anders als ich.
R.W.: Glaub' ich auch! Jemand denkt: Jetzt bin ich dreißig« und fühlt sich gut. Wie macht der das?

Michael kam ins Grübeln, denn ihm war klargeworden, daß er dem Alter eine Bedeutung gab, die andere ihm nicht geben. Er malte sich die finstersten Konsequenzen aufgrund der Tatsache aus, daß er ein paar Jahre weniger hatte als vor ein paar Jahren. Und er glaubte, daß seine Vorstellungen unausweichlich seien. Nun lernte er, den Knoten zu zerschlagen, mit dem er sein Alter und sein mieses Gefühl zusammengebunden hatte. Er begann, sich Perspektiven aufzubauen, was er noch alles erleben könnte trotz einiger für ihn unbefriedigend verstrichener Jahre.

Ich habe dieses Gesprächsbeispiel gewählt, um deutlich zu machen, daß das tatsächliche Alter mit dem Gefühl, das jemand hat, nichts zu tun hat.

Tricks gegen Alterspanik

Tatsache bleibt: Es gibt Menschen, die sich wohlfühlen trotz fortgeschrittenen Alters. Von ihnen kann man lernen, wie sie das zuwege bringen. Die beste Übung hierzu ist: Kontakt zu Älteren aufnehmen und mit ihnen sprechen. Und Freundschaft schließen.

Michael hat das gemacht und berichtete mir: »Das war ja der

reinste Jungbrunnen für mich. Ich habe gar nicht gedacht, daß man sogar über vierzig und fünfzig noch zufrieden leben kann. Ich hab' immer nur auf die verrinnende Zeit gestarrt!« Michael hat sich eine Liste angelegt mit allen Vor- und Nachteilen des Alterns. Dazu bekam er die Aufgabe, an Gruppen und Gesprächen teilzunehmen und genau hinzuhören, wenn dieses Thema besprochen wurde und auch gezielt Fragen dazu zu stellen. Kleiner Nebeneffekt: Er konnte sich plötzlich als interessanter Gesprächspartner präsentieren und war sehr überrascht, wieviele Leute Kontakt zu ihm wollten.

Der nächste Schritt zu deutlich »jüngeren« Gefühlen war: Alle unausweichlichen Nachteile des Alters von denen zu trennen, die man vermeiden kann. Dazu gehören z.B. »Einsamkeit« oder »Langeweile«. Es verblieben einige Nachteile, die unvermeidbar sind. Michael sollte diese noch einmal zerlegen: in Nachteile, die er durch andere Aktivitäten wettmachen kann, und solche, für die es keinen Ersatz gibt.

Übrig blieb sein Knackpunkt: »Niemand wird mich mehr attraktiv finden.« Seine Leitfragen, die ich ihm mitgab, kannst auch du auf deine Schreckensvisionen anwenden:

- Stimmt das generell, oder kann es Ausnahmen geben?
- Geben alle Menschen dieser Sache so große Bedeutung wie ich?
- Lohnt es sich, mir jetzt schon solche Gedanken darüber zu machen?

Michael befand nach eingehender Prüfung seiner düsteren Prognose:

»Ich kann nicht sicher wissen, ob mich dann niemand mehr attraktiv findet. Es gibt viele Beziehungen zwischen Älteren und auch zwischen Älteren und Jüngeren. Mag sein, daß das schwerer ist, aber warum sollte das für mich unmöglich sein? Mir jetzt schon eine völlig negative Aussicht darüber zu machen, ist sinnlos. Ich weiß ja nicht mal, ob ich dem in zwanzig Jahren noch solche Bedeutung beimesse. So etwas kann man ja auch über die Jahre ändern. Zwangsläufig ist das nicht. Ich will meine Möglichkeiten im Jetzt verbessern und ausschöpfen.«

Raimund: Vierzig werden

Ich hatte Ende der 70er Jahremein Einstieg ins schwule Leben. Damals war ich Anfang Zwanzig und dachte, ich sei schon zu alt. Denn ich fuhr mehr auf zarte Jünglinge ab, während mir Schnauzer ein Greuel waren. Nach und nach merkte ich, daß solche Jünglinge durchaus mein Alter haben konnten. Vielleicht hatte ich vorher bloß nicht gewußt, wie alt meine Angebeteten wirklich waren. Der nächste Schritt war das 30 werden. Ich dachte, danach ist Feierabend. Aber komisch: 1. fand ich genug Jüngere, dich auf mich abfuhren, und 2. fand ich zusehends auch wieder gleichaltrige attraktiv. Die 30er waren (bisher) meine aktivsten Zeiten als Lover.! Ich habe meine Traumpartnerschaften ausgekostet. Und nun werde ich 40 und versuche meine Einsichten noch zu intensivieren und bin guten Mutes. Ich kasnn nach wie vor nicht mit Leuten, die nichts an mir sehen als meine Fassade. Insofern ändert sich auch nichts, wenn ich 40 werde. Ich höre auf, sorgenvoll an die Zukunft zu denken, denn ich kann sie nur begrenzt beeinflussen. Ich genieße mein Leben – eher mehr als früher. Ich merkte, wie ruhig ich geworden bin. Einen Korb zu bekommen trifft mich nicht mehr. Wenn jemand Dich will, ist es schön, wenn nicht, ist was anderes schön. Es kommt darauf an, was Du selbst daraus machst. Ich will weiter das ernten, was ich in meinen 30ern gesät habe. Meine gute Kndition, meine Ruhe, meine Freude an der Natur, meine Mög-

lichkeiten, zu lieben und auch das Lieben zu lassen! Erst dadurch bin ich fähig geworden, so unbeschwert und zufrieden zu lieben.

Klischees vom Älterwerden

Horrorszenarien über das Alter des Schwulen haben ihre Wurzeln in einer Zeit, in der noch die krasse Diskriminierung oder sogar Verfolgung herrschte. Die Analysen Anfang der Siebziger waren bitter:

»Nicht selten fängt bei Schwulen das Altern schon mit 30 an... Sie verbrauchen sich bei der meist erfolglosen Suche nach Sex durch dunkle Toiletten und Parks, da sie in Bars verachtet werden... Oft wollen sie aus Eitelkeit ihr wirkliches Alter nicht wahrhaben und versuchen, sich künstlich jung zu erhalten, was sie lächerlich erscheinen läßt... Sie sind oft unmenschlicher Vereinsamung ausgesetzt, die ähnlich einem wachsenden Geschwür jegliche Lebensfreude versiegen läßt.« (Rosa von Praunheim, 1970)

In den Siebzigern dachten viele: »Mit Mitte Zwanzig ist das schwule Leben aus, und ich werde einsam und verlassen vor mich hinleben« Wahrscheinlich war der Jugendkult damals auf die Spitze getrieben worden, weil die Schwulen im Versteck gelebt hatten und ihre Liebe nicht ausleben konnten. Vielleicht klebten sie an einem Bild vom jugendlichen Lover, weil sie dem unausgelebtem Traum anhingen. Und eine Perspektive vom gelungenen Altern als Schwuler hatten wohl die wenigsten. Noch vor zehn Jahren fragten viele Coming-outler und deren Eltern immer wieder, ob es für Schwule nicht entsetzlich wäre, älter zu werden. Solche Fragen höre ich heute seltener. Ab und an aber höre ich von der Angst zu nullen. Dabei sind die Zahlen vor der

Null austauschbar. Auch ich kenne den Irrglauben, daß mit zwanzig, dreißig oder vierzig alles mögliche nicht mehr geht.

Jetzt bin ich vierzig und ich habe bis heute in Sachen Schwulsein wenig vermißt. Soll ich jetzt glauben, daß mit fünfzig »alles« aus ist? Mir kommen diese Vorhersagen inzwischen vor, wie die prophezeiten Weltuntergänge einiger Sekten, die dann doch nie eintreten und immer wieder verschoben werden. Auf ziemlich unbestimmte Zeit.

»Hilfe! Ich bin nicht mehr jung!«

Ich will nicht leugnen, daß Älterwerden Nachteile mit sich bringt. Aber hat Jungsein nur Vorteile? Wer nur auf das Negative schielt, übersieht all das, was man hinzugewinnt: »Man erlebt tiefer, man erfährt tiefer, man sieht tiefer, man erkennt mehr, und man genießt viel intensiver«, sagt ein 66jähriger in der Diplomarbeit des Sozialpädagogen Siegfried Essmann über alte Schwule. In seiner Arbeit gelangt er zu erstaunlichen Ergebnissen: »Die Mehrzahl der befragten Männer erlebt ihr Alter als einen positiven Lebensabschnitt.« Wir wissen nicht, was die heute Mittelalten oder Jungen später aus ihrem schwulen Leben machen werden. Die Möglichkeiten, sich frühzeitig schwules Know-how zu verschaffen und soziale Kontakte zu knüpfen, waren noch nie so groß wie heute.

Als junger Mensch wird man vielleicht kaum verstehen, daß die Älteren andere Schwerpunkte setzen. Abgeklärtheit und Genügsamkeit sind Werte, die sich manch Teenager oder Twen noch nicht vorstellen kann, weil ihm anderes wichtiger ist. Viele ältere Menschen dagegen sehen umgekehrt, was den jungen Leuten aus ihrer Sicht fehlt. Wie sie Ziele verfolgen, die an Bedeutung verlieren, sobald sie sie erreicht haben. Wie sie überreagieren, wenn ihnen etwas vorenthalten wird, das sie lebenswichtig finden, obwohl es aus einer erfahreneren Sicht denn doch eher belanglos ist. Und schließlich wissen sie, daß man trotz aller Verluste immer wieder Freude über Dinge empfinden kann, die man in jungen Jahren eher übersieht.

Holger ist fast vierzig und damit ziemlich zufrieden: »All das Auf-und-Ab in meinem Leben habe ich verloren. Gott sei Dank bin ich keine Siebzehn mehr! Ich weiß jetzt was ich will und weiß meistens Wege dahin. Man kann Leute besser einschätzen und tritt nicht mehr so oft daneben. Dadurch erspart man sich den spätpubertären Frust des Lebens, nicht nur als Schwuler. Wie Vierziger selber schon denken können, sie seien alte Säcke, ist mir ein Rätsel. Gerade jetzt bin ich viel lebenslustiger. Mit zwanzig war ich einfach zu jung, um Wichtiges von Unwichtigem zu unterscheiden. Heute wirft mich so schnell nichts mehr aus der Bahn. Es stimmt: Man muß erst lernen, gut zu leben. Damals hab' ich auch gedacht, mit vierzig bist du alt. Heute habe ich die schönsten Erlebnisse. Das hätte ich damals nicht geglaubt.« Pablo Picasso muß das ähnlich erlebt haben: »Die meisten Menschen brauchen sehr lang, um jung zu werden.«

Entscheidend ist, wie du selbst »alterst« – ob du dich auf ein etwas anderes Leben einzustellen bereit bist. Eines ist sicher: Wir können das Alter nicht aus jungen Jahren heraus beurteilen. Als du Kind warst, brauchtest du deinen Teddybären und die Gute-Nacht-Geschichte. Ist dir das heute noch genauso wichtig? Du hast deine Bedürfnisse gewandelt, hast Fähigkeiten verloren, aber auch andere hinzugewonnen. Warum sollte deine Entwicklung jetzt stehenbleiben?

»Jetzt muß ich mich ranhalten!«

Ein weiterer Irrtum über das Älterwerden ist es zu meinen, wegen des fortgeschrittenen Alters in Torschlußpanik geraten zu müssen, weil ab einem bestimmten Alterspunkt *schlagartig* alle

Chancen auf ein erfülltes schwules Leben schwänden. Diesen Punkt gibt es nicht. Wie unstimmig eine solche Annahme ist, zeigt sich schon daran, daß dieser vermeintliche Wendepunkt von manchen im Twenalter, bei anderen über sechzig angesetzt wird. Dieser Punkt scheint ein völlig subjektives Empfinden zu sein, über das alle verschiedene Auffassungen haben. Wozu dann hektischer und unbesonnener Aktionismus und all die Sorgen, wenn das Leben seinen Gang weiter geht?

Das Älterwerden – was immer auch die verschiedenen Leute damit meinen – ist kein definierbarer Fixpunkt, sondern ein langsamer Prozeß. Wenn wir Veränderungen erleben, dann erleben wir sie langsam und können uns darauf einstellen.

Hinzu kommt: Unsere Tage sind von Geburt an gezählt! Auch sehr junge Menschen haben keinerlei Gewähr dafür, daß sie den nächsten Tag oder den nächsten Monat noch erleben. Nur fallen sie darüber selten in Panik. Auch wenn ältere Menschen weniger Zeit haben, ihre Vorhaben zu verwirklichen, behält jeder Tag vierundzwanzig Stunden. Ob und wann wir in dieser Zeit unsere nicht erreichten Ziele verwirklichen können, hängt nicht allein von unseren Aktivitäten ab. Deshalb könnte Frust herauskommen, wenn wir besessen nur ein einziges Ziel verfolgen und daran unser gesamtes Lebensgefühl messen.

Stell dir vor, ein alter Maler möchte noch eine Reihe schöner Bilder malen und sagt sich: »Ich habe nicht mehr viel Zeit, also muß ich jetzt pausenlos malen und unbedingt mein Tempo steigern, ob mir das gefällt oder nicht. Ich darf keine Sekunde verlieren, denn dann ist alles zu spät!« Und nun stell dir einen alten Maler vor, der sich sagt: »Ich würde gern noch in Ruhe einige Werke vollenden. Aber ich kann das nicht erzwingen und mache, was ich noch in einem mir gemäßen Tempo schaffen kann. Wäre schön, wenn mir so noch etwas gelingt, was mir gefällt.« Welchen der beiden wird es wohl besser gehen? Wer hat die größeren Chancen, seine Malerei zu genießen? Kann es sein, daß selbstgesetzter Zeitdruck auch einmal das verhindert, was wir ohne Torschlußpanik vielleicht eher und mit größerer Gelassenheit geschafft hätten?

Das Zen sagt dazu: »Der Weg ist das Ziel.« Schauen wir uns hierzu eine alte japanische Geschichte an:

Ein Schüler wollte beim großen Meister die Kunst des Bogenschießens erlernen. Er fragte, wie lange er wohl bis zur Meisterschaft üben müsse. Der Meister erwiderte: »Etwa sechs Jahre.« Daraufhin fragte der Schüler, wie lange er bräuchte, wenn er sich besonders anstrenge. Der Meister sagte ruhig: »Etwa zwölf Jahre.« Der Schüler fragte nochmals: »Und wenn ich mich den ganzen Tag mit voller Hingabe diesem Ziel widme?« Und sein Meister antwortete: »Vierundzwanzig Jahre, denn wenn du es so eilig hast, wird dir vieles nicht gelingen.«

Wir können nie vorhersagen, ob wir im Leben noch all das bekommen, was wir gern hätten. Wir können uns aber davor bewahren, in Torschlußpanik zu geraten, indem wir das genießen, was wir haben, und uns durch unsere Wünsche nicht aus der Ruhe bringen lassen. Ob wir sie uns noch erfüllen können, hängt auch von Zufällen ab, die nicht in unserer Macht stehen. In unserer Macht aber steht es zu versuchen, neue Aktivitäten aufzunehmen und Menschen kennenzulernen. Wenn wir uns das durch zuviel Erfolgsdruck nicht selbst vermiesen, können wir sogar Spaß daran finden. Und um so früher wir damit beginnen, desto besser.

»Man wird ja nicht gerade schöner«

Manch einer beginnt schon als Teenie, sich seine Zukunft madig zu reden. Andere mit dreißig oder vierzig oder sechzig. Der Irrtum ist, daß dabei ein absoluter Maßstab für Schönheit bzw. Attraktivität angenommen wird. Und daß der auch noch auf Jugendlichkeit beschränkt ist. Eine sehr lehrreiche Geschichte dazu erzählte mir Peter. Er war auf einer Reise durch Brasilien gewesen und lernte einen schlanken Mittzwanziger kennen. Der aus seiner Sicht wunderschöne Brasilianer bekannte bald, daß Peter (schlank, Mitte Dreißig) nicht seinem Schönheitsideal entsprach. Und wer könnte so einem »hübschen« Kerl gefallen? Peter fragte und bekam zur Antwort: Der schönste deutsche Mann sei für den Brasilianer Bundeskanzler Helmut Kohl!

Was schön ist, läßt sich nicht für alle sagen. Jeder hat sein eigenes Ideal. Und manche Menschen wirken auf ihre Lover im Alter sehr viel schöner als in der frühen Jugend. Es ist ein Grundirrtum zu meinen, man verliere an Attraktivität, wenn man reif oder älter wird. Auch wenn man aus bestimmten Szeneklischees herausfällt, gibt es Menschen, die gerade das Reife und Alte schätzen – auch sexuell.

»Ich weiß, daß ich nie mehr richtige Liebe finden werde«

Ganz gleich wie alt man ist: Niemand kann in die Zukunft schauen. Deshalb ist es in jedem Fall ein Irrtum, über die Zukunft Aussagen zu treffen. Je höher die Ansprüche, um so geringer die Chance, sie zu verwirklichen – das stimmt in jedem Alter. Zusätzlich mögen die Chancen, einen Mittezwanzigjährigen mit astralem Körper als ganz große Liebe zu gewinnen freilich sinken. Aber dies bedeutet keinesfalls, daß die Chancen gleich Null wären. Schließlich gibt es weit über Sechzigjährige, die weit unter Dreißigjährige zum Freund haben. Für lange.

Wer unbeweisbare Aussagen über seine Zukunft trifft, nimmt sich die Chancen selbst. Und zwar auf zweierlei Art: Erstens, indem er dem Irrtum erliegt: »Es gibt ganz sicher niemanden, der so ist, wie ich mir das vorstelle, und mein Partner werden wird«. Und zweitens durch die darin versteckte Behauptung: »Ich kann *nur* jemanden lieben, der so ist, wie ich mir das vorstelle.« Auch diese zweite Aussage ist grundverkehrt. Wenn ein junger Mensch so über sein Alter denkt, ignoriert er, daß er seinen Geschmack mit dem Alter wandeln kann. Vielen wird das klar, wenn sie sich einmal überlegen, auf welche Altersgruppe sie mit Siebzehn standen und auf welche mit Ende Zwanzig. Sehr vielen geht dann ein Licht auf: »Heute kann ich mit Leuten unter zwanzig gar nichts mehr anfangen, vielleicht kann ich ja, wenn ich sechzig bin, nichts mehr mit Leuten unter sechzig anfangen.«

Anders verhält es sich, wenn ältere auf jüngere Schwule stehen. Dann ist die Partnersuche mit geminderten Chancen der eine Weg. Der andere Weg besteht im Umgewöhnen. Man kann sehr wohl Sexualität und Liebe genießen, auch wenn der Partner nicht dem Ideal entspricht. Man kann auch lernen, sein Alter zu akzeptieren und darin nichts Abwertendes mehr zu sehen sowie im jungen Partner nichts Aufwertendes. Die Attraktivität der Jungen wird dann mit anderen Augen gesehen und verliert an Bedeutung.

Ein weiterer Punkt ist das starre Bild von der Partnerschaft. Wer daran festhält, daß für ihn die ganz große und innige Liebe mit einem jungen Schwulen möglich ist, verbaut sich den Blick auf Zwischenformen. So kann man eine befriedigende Partnerschaft mit einem Älteren führen und sich außerdem sporadisch oder visuell Jüngeren zuwenden. Wenn man nicht das bekommt, was man gerne hätte, ist Erfindergeist hilfreich. Es sei denn, man möchte im Leiden verharren. Ich kenne Menschen, die ihr ganzes Leben damit zubringen, etwas zu suchen, das sie nicht bekommen und das sie für unabdingbar halten. Tatsächlich leben sie aber auch ohne das, was angeblich unverzichtbar ist. Und sie nehmen sich sogar den Genuß damit an dem, was sie bekommen können. *Sicher ist: Alles, was wir brau-*

chen, bekommen wir. Alles, was wir gerne hätten, bekommen wir nicht. Alle, die lernen zu genießen, was sie tatsächlich brauchen und bekommen, werden zufriedener.

Nichts auf der Welt ist unmöglich. Diese einfache Erkenntnis kann uns dazu bewegen aufzuhören, innerlich wie äußerlich gegen Unausweichliches anzugehen und uns damit weit mehr Unannehmlichkeiten zu verschaffen als nötig. Denn wenn wir etwas nicht ändern können, was uns nicht recht ist oder nicht recht erscheint, dann ist das geringst mögliche Übel, die Situation annehmen zu lernen. Wenn wir dagegen aufbegehren, handeln wir uns eine zusätzliche Belastung ein, nämlich Ärger oder sogar Wut. Damit nehmen wir uns nicht nur die Möglichkeit, unseren Blick auf andere Dinge zu richten und das zu ignorieren, was uns unangenehm erscheint. Wir nehmen uns auch die Möglichkeit, das Machbare zu versuchen, da wir unsere Energie verschwenden, Unabänderliches zu beklagen. An uns selbst und an anderen.

»Ich müßte attraktiver sein!«

Jeder wird älter. Daran kann ich nichts ändern. Dennoch kann ich Freunde und auch Partner finden. Attraktiv ist ein relativer Begriff. Daß mich niemand mehr begehren wird, kann ich nicht beweisen. Ich kann intensiv suchen und versuchen, Menschen kennenzulernen. Ich muß dazu keineswegs *anders* aussehen! Denn ich sehe nicht anders aus. Mein Selbstwertgefühl hat damit nichts zu tun. Und nur ich selbst kann bewirken, daß ich mich gut fühle. Wenn ich meinen Wert daran festmache, ob andere mich attraktiv finden, mache ich mich abhängig. Nichts zwingt mich dazu, meinen Wert von einem Partner abhängig zu machen. Vielleicht muß ich nun länger suchen, um einen Partner zu finden. Deshalb bin ich aber nicht weniger wert. Viele

Menschen leben freiwillig allein. Auch sehr junge. Und viele junge Menschen haben keinen Partner. Daraus folgt, daß es nicht vom Alter oder Aussehen abhängt, wie ich lebe. Und daß ich lernen kann, auch allein zu leben. Durch nichts in der Welt kann ich von jemandem erzwingen, daß er mich liebt. Ich kann aber alles mir Mögliche tun, um jemanden zu finden. Wie sinnvoll ist es also, weniger Falten zu fordern? Das ist, als würde ich sagen, es darf auf keinen Fall schneien! Ich werde auch mit Falten noch Freunde haben und etwas tun können, was mich befriedigt.

»Ich müßte mehr aus meinem Leben gemacht haben!«

Ich müßte keineswegs mehr aus meinem Leben gemacht haben. Leider habe ich einige Chancen verpaßt und hätte aus meiner jetzigen Sicht (!!!) lieber dieses oder jenes getan/gehabt. Aber damals habe ich mich anders entschieden. Vielleicht habe ich aus Bequemlichkeit Dinge unterlassen, die ich heute bedaure, nicht versucht zu haben. Dann war mir damals die Bequemlichkeit wichtiger. Ich kann mein damaliges Verhalten nicht an meinem heutigen Maßstab messen. Zumindest wäre das sinnlos, denn ich kann mein Leben nicht wiederholen. Statt also über Unabänderliches zu klagen, werde ich ab heute all das tun, was noch in meinen Möglichkeiten liegt. Denn was mir nicht mehr möglich ist, werde ich nicht ändern können. Zusätzlich zu den Verlusten hätte ich dann noch den Ärger. Also konzentriere ich mich auf die Gegenwart. Ich kann es heute anders machen.

»Die Jüngeren müßten sich mehr für Ältere interessieren!«

Die jungen Leute kann ich nicht ändern. Ich kann sehr wohl

versuchen, Kontakte zu jüngeren Schwulen zu knüpfen. Aber jeder hat das Recht, selbst zu entscheiden, mit wem er Kontakt pflegen will und mit wem nicht. Auch wenn mir das nicht gefällt. Außerdem: wie war ich, als ich noch jung war? So wie ich mir nicht von anderen sagen lasse, wie ich zu sein habe, so brauchen auch andere sich das nicht von mir anhören. Ich verschwende meine Energie nicht mehr damit, jemanden zu beschimpfen, sondern lerne zu akzeptieren, daß jeder seinen eigenen Kopf hat. Ich kann nur das Beste aus meinen Kontakten machen. Viele, zu denen ich gern Kontakt hätte, werden das nicht wünschen. So wie ich auch zu vielen keinen Kontakt wünsche, die mich wollen. Das Leben ist ungerecht, sonst wäre es langweilig. Ich habe das Recht, ungerecht zu sein. Andere haben es auch. Das ist menschliche Freiheit. Ich würde mich sehr freuen, wenn ich junge Leute kennenlerne, die so sind, wie ich mir das wünsche. Aber ich falle auch nicht tot um, wenn mir das nicht gelingt. Wie sinnvoll ist es, von anderen Fairness zu fordern, wenn ich sie selbst dadurch unfair behandle, indem ich etwas verlange, daß ihrer Selbstbestimmung widerspricht?

»Die Jüngeren taugen nichts«

Solche zornerfüllten Gedanken führen zu einer unangenehmen Stimmung, die dein Leben unnötig negativ färbt. Du erhältst deine Jugendzeit nicht zurück, auch wenn du noch so sauer auf die heutige Jugend gestimmt bist. Statt des Zorns schlage ich vor: Verarbeite die Veränderungen deines Lebens, statt sie innerlich nicht wahrhaben zu wollen und auf andere aggressiv zu werden. Als du jung warst, gab es auch ältere Menschen, die fanden, daß deine Generation nichts taugt. Solche Urteile sind Generalisierungen, mit der eigene Unzufriedenheit auf andere abgewälzt wird. Versuche besser, Jugendliche zu verstehen. Sieh dir Jugendmagazine an und kaufe eine Jugendzeitschrift. Finde heraus, was alle Generationen gemeinsam haben.

»Einmal kaputt, immer kaputt?«

Die meisten Menschen spüren irgendwann ihren Körper auf unangenehme Weise. Manche mit zwanzig, manche mit siebzig. Erschöpfung oder Schmerz klopfen an und bedeuten uns: Das war zuviel der Anstrengung! Wann man an solche Grenzen gerät, ist sehr unterschiedlich. Auch zwischen Zwanzig und Fünfzig spüren die meisten irgendwann ein Zwacken. Manche machen sich dann selbst vorzeitig »alt«, indem sie den Irrtum feiern: »Mit zunehmenden Alter kann das alles nur schlimmer werden.« Wer darauf spezialisiert ist, registriert fortan jedes Fältchen und jede körperliche Unpäßlichkeit als Vorzeichen der Vergreisung.

Egal in welchem Alter: Im Falle eines Leidens ist es sehr wichtig, die momentane Befindlichkeit nicht zu verallgemeinern und zu denken, daß es nun bergab mit der Gesundheit geht. Denn: Sehr viele Beschwerden klingen »ersatzlos« wieder ab. Wer einmal Rückenschmerzen verspürt, muß keinesfalls bis ans Ende seiner Tage daran leiden. Wem einmal Gelenkschmerzen zu schaffen machen, der kann sehr wohl vollständig ausheilen. Das gleiche gilt für viele andere »Alterserkrankungen«. Vor allem, wenn man sein Leben umstellt, können viele angeblich typische Altersprobleme ausgeschaltet werden. Zu solchen Umstellungen zählen Diäten, gymnastische Übungen und auch das Vermeiden von Reizüberflutung, je nachdem, was einem vom Arzt empfohlen wurde.

Welche Abstriche wir auch einmal machen müssen, am schlimmsten fühlen wir uns, wenn wir schon von vornherein entscheiden, daß alles schlimmer wird oder unsere Leiden bleibt. Dabei steigern sich auch die Dreißigjährigen schon in Untergangsstimmungen hinein, die bei genauem Hinsehen voreilig sind. Mit solcher Katastrophensucht verhindern Menschen, das auszukosten, was sie noch haben.

Vorbereitung auf ein höheres Alter

Angst vor dem Alter ist oft mit Zerrbildern von unserer Zukunft verbunden. Aber auch wer sich nicht entschieden hat, das Schlimmste anzunehmen, verfügt oft über keine konkreten Vorstellungen, wie es ihm später ergehen könnte. Viele meiden die Gedanken daran, und für manche wird das ausgeblendete Thema bald zum Horror. Wenn wir nämlich so ein Thema meiden, wird es unter Umständen mysteriös, und vielleicht bekommen wir irgendwann Angst davor. Andererseits können wir einige unserer Befürchtungen ausräumen, wenn wir uns klarere Vorstellungen machen und uns eine Perspektive aufbauen.

Als einen Schritt in diese Richtung kannst du – in jedem Alter – die folgenden Anregungen nutzen.

1 Suche dir Beispiele! Menschen, die aktiv sind und unsere Vorstellungskraft anregen, was wir später alles noch erreichen und genießen können, beflügeln die eigene Phantasie zum Alter.

2 Lege eine Liste an mit den Vorzügen des Alters, mindestens zehn!

3 Suche in Illustrierten nach alten Menschen, die auf dich faszinierend wirken, und versetze dich eine Viertelstunde in ihr Leben, ihre Möglichkeiten, ihre Freunden – trotz der eben auch möglichen Leiden.

4 Schreibe einen Aufsatz über dein Leben in zehn, zwanzig, dreißig, vierzig Jahren! Male für jede Altersstufe dein Leben aus, so wie du es erleben möchtest.

5 Spreche mit Menschen, die älter sind als du und dir z.B. im Park begegnen. Du kannst damit ein Gespür entwickeln, was Älterwerden heißt und welche Möglichkeiten dir dabei bleiben. Oder besuchen eine Gruppe »älterer« Schwuler, die auch für deine Altersstufe offen ist. Oft sind in den Schwulenzentren Gruppen für Schwule ab vierzig oder fünfzig anzutreffen.

6 Viele Talkshows laden ein zum Thema Alter und Sexualität, Partnerschaft und vieles mehr. Oder lese Biografien von altgewordenen Menschen. Verschaffe dir Wissen vom Alter, damit du vorbereitet bist. Dabei geht es nicht nur ums Schwulsein, wenngleich du auch diese besonderen Aspekte in solchen Medien finden wirst. Jetzt, da du erst »mittelalt« bist, kannst du durch die Auseinandersetzung mit älteren Menschen optimistischer deinem Älterwerden entgegenblicken.

7 Mache dir einen Plan darüber, mit welchen Freunden oder Bekannten du alt werden möchtest. Baue den Tagen vor, in denen du nicht mehr so beweglich bist wie jetzt. Hast du gute Freunde? Was kannst du jetzt schon dafür tun, um Freundschaften bis ans Lebensende zu erhalten versuchen?

Eberhard: »Zum 6. Mal 13!«

Man ist so alt, wie man sich fühlt. Diese Redensart ist schon berechtigt, denn ich will es gar nicht wahrhaben, daß ich schon in der zweiten Hälfte meines achten Lebensjahrzehnts bin. Ich bin zu »jung«, um ohne Wunsch zu sein. Darum sage ich gern, daß ich zum sechsten Mal 13 werde. Wesentlich ist aber die geistige und körperliche »Fitness«. Sicher gibt es altersbedingte Veränderungen von Geist und Körper, die man ertragen muß. Aber es gibt Möglichkeiten, diesen Abbau zu bremsen. Es gibt heute so viele Veranstaltungen für Senioren, wie zum Beispiel Uni-Vorlesungen zur Weiterbildung, besondere Veranstaltungen in den Museen usw. Wichtig ist auch, daß diese auch von jüngeren Menschen besucht werden, damit der Kontakt zur Jugend nicht abbricht. Aber man muß sich selbst bemühen. Jedenfalls habe ich einen ausgebuchten Terminkalender, daß ich mich manchmal frage, wie ich es früher fertiggebracht habe, meinen Dienst zu versehen. Ein schwieriges Problem sehe ich in der körperlichen Rüstigkeit. Manche Krankheiten im Alter sind unabänderlich; aber auch hier läßt sich durch Training und vernünftige Lebensweise vieles lindern und bremsen. Da wird die Wechselwirkung zwischen Geist und Körper besonders deutlich. Doch ich sehe auch für manche Schwäche eine Entschuldigung: »In meinem Alter…« (Man kann auch mit seinem Alter kokettieren).

Natürlich wirkt sich das Alter auch auf das Liebesleben aus, was ich eher als Befreiung von einem inneren »Druck« empfinde. Aber ich verstehe auch, daß manche junge Menschen sich gerade deswegen vor dem Alter fürchten (mir ging es als Jugendlicher auch so), aber mit den Jahren wird man wohl abgeklärter und sieht, daß man die Sterne nicht begehrt, sondern sich an ihrer Schönheit erfreut. Doch auch das Alter schützt vor Torheit nicht…

Jedenfalls stimme ich nicht Oscar Wilde zu, der die Tragödie des Alters nicht darin sieht, daß man alt ist, sondern daß man nicht mehr jung ist. Das Alter ist keine Tragödie, und will die Jahrtausendwende noch erleben (was ich mir schon als Kind vorgenommen habe.

3

Mit Reife in die Subkultur

wie man sich bettet, so liegt man!

Häufig erwecken Berichte den Eindruck, die schwule Subkultur sei nur für junge Menschen. Das ist unzutreffend. Wer sich nur modernste Tanztempel ansieht, gewinnt ein schiefes Bild. Ohne Zweifel sind Jugendliche oft ausgehfreudiger als Ältere. Demzufolge schaffen sie sich ihre Szeneläden, in denen »Grufties« sich schwerer zurechtfinden. Aber: Schon ein flüchtiger Gang durch die Gemeinde fördert ein ganz anderes Bild zutage. In den schwulen Reiseführern, z.B. dem spartacus gay guide, finden sich zahlreiche Bars mit dem Code og, dem Kürzel für »Older Gays«., also ältere Schwule. Alle Altersgruppen sind willkommen, wenn der Code ma (gemischte Altersgruppen) angegeben ist. Natürlich gibt es auch Läden, die hauptsächlich von Jungschwulen besucht werden.

Wer sich einredet oder einreden läßt, Ältere könnten nur zu Hause bleiben, behindert sich selbst. Man kann als älterer Schwuler sehr wohl sein Bierchen in der Kneipe schlürfen, ohne scheel angeguckt zu werden. Manch ein Bar- oder Diskobesitzer ist selbst schon nicht mehr knackfrisch und zieht dennoch auch junges Publikum an.

Immerhin funktioniert das Zusammensein von Jüngeren, Mittelalten und »Senioren« auch in den Kommunikationszentren. Dort finden sich Gruppen, die keine obere Altersgrenze wünschen, z.B. die Schwulen über vierzig. In den Zentren gibt es oft eine fruchtbare Zusammenarbeit zwischen jungen und älteren Besuchern. Die Vereine bieten viele Bereiche, in denen man seinen Interessen nachgehen und gemeinsam Altersbarrieren überwinden kann. Da kommt es schon vor, daß in einer Gruppe 70jährige neben 17jährigen sitzen. Sie verbindet das Thema oder Tätigkeitsfeld der Gruppe: schwule Kulturveranstaltungen, Mitwirkung im Verein oder das Erstellen einer Broschüre für den Verein. Über gemeinsame Interessen finden die Generationen manchmal leichter zusammen als in einer Szenelokalität, die gezielt eine bestimmte Gruppe aus der Jugendkultur anspricht, wie z.B. Raver. Aber auch kommerzielle Treffpunkte können durchaus auch gemischte Altersstufen bewerben.

Die Kneipen für die reifere Kundschaft wirken auf mich zumeist etwas ›rustikal‹. Ihnen geht das High-Tech-Outfit vollkommen ab. Ich habe dort sowohl zufriedene als auch unzufriedene ältere Schwule getroffen. Wer einen blutjungen Partner sucht, wird zumeist allerlei Abende dort verbringen, ohne sein Ziel zu erreichen. Auf weitaus älter stehen eben nicht alle Jungschwulen. Dennoch sind solche Kontakte möglich, das zeigt auch das nächste Kapitel. Man tut aber ganz gut daran, die Suche mit Ruhe anzugehen und nicht allein dieses Ziel zu verfolgen. Denn wer nicht bereit ist, auch einfach freundschaftliche Kontakte zu knüpfen, der wird oft frustriert ins Taxi steigen – was für jung und alt gilt. Wer nichts erwartet, kann nicht enttäuscht werden. Diese Einsicht ist einfach, und doch müssen wir sie immer wieder neu lernen und anwenden.

Werfen wir einen Blick auf reifere Subgänger. Sven (42) tingelt gern durch die Bars, »die ich schon zwanzig Jahre kenne. Nun nicht dauernd, aber immer mal wieder. Ich seh' da auch kein Generationsproblem! Ich hocke mit meinen Altgenossen und mit ganz jungen Schwulen zusammen, ohne daß das Alter da eine wichtige Rolle spielt. Die Themen gleichen sich sogar ziemlich. Jüngere heulen sich gern mal aus, die Älteren sind eher gefestigt. Ich mache noch die gleichen Parties wie vor zehn Jahren und länger. Ich komme auch gut mit den Neulingen zurecht. Na klar sehen die manches anders, aber das ist auch gut so. Ich brauche und genieße den Austausch. Ich geh' sogar mal in Techno-Veranstaltungen, obwohl mir die Kids dann in den Mengen doch etwas zu jung sind. Aber Spaß hab' ich auch da. Schief angeguckt worden bin ich übrigens noch nie. Ich glaub', das hängt an einem selbst.«

Auch Gottfried (56) geht einige Male im Monat aus. Er hat zwei Stammkneipen, in denen er sich wohlfühlt, »weil ich da viele kenne, und ein bißchen Spaß ist dann immer dabei.« Gottfried lernt gern etwas Jüngere kennen, »aber an rein sexuellen Geschichten hab' ich wenig Interesse, ich brauch' das nicht mehr so.« Gottfried ist ein guter Unterhalter. Er wirkt sehr locker, was eine gute Voraussetzung für Kontakte ist. Ich frage ihn, wie er das macht. »Ich denke nicht lange nach, was alles schiefgehen kann. Ich setze mich an den Tresen, der wohl so alt ist wie ich, und dann passiert's oder nicht.« Sein Tip für alle, die leicht verzagen: »In unserem Alter hat man schon soviel erlebt. Da sag' ich mir dann immer wieder, mit 56 kannst du stolz sein, immer wieder loszugehen. Auch wenn der Abend dann stinklangweilig wird oder ich nicht die Menschen kennenlernen kann, zu denen es mich hinzieht, was macht das aus? Ich habe schon Schlimmeres erlebt. Jeder hat das. Wir sollten doch wissen, daß uns bisher nichts umgehauen hat.«

Karl (58) dagegen sieht das Subleben düster: »Da wirst du bloß komisch angeguckt. Ich geh' lieber gleich in die Sauna. Dann merkst du, wer auf dich steht – im wahrsten Sinne des Wortes. So war ich immer, kein langes Getue. Nur daß ich jetzt länger warten muß, bis ich an der Reihe bin. Aber ich will ja auch gar nicht mehr soviel. Aber schön ist es wie eh und je. Das sag' ich den Jungen immer, damit sie ihre Angst verlieren.«

Steve (45) sieht sich auch schon als ›reif‹ an, aber meint: »Ich laß mich einfach nicht an den Rand drängen! Ich will dabeisein und will, daß die Sub älter wird. Wenn man schon mit vierzig aussteigt aus allem, muß man sich nicht wundern, wenn man allein bleibt. Sicher gibt es immer wieder eine junge Szene, aber heißt das, daß ich da nicht hin darf? In meinem Aktionsradius halten wir zu Älteren genauso Kontakt wie zu den ganz jungen. Auch im Schwulenzentrum unternehme ich Sachen mit Leuten unter 18. In der Sub trifft man sich dann wieder. Und das geht ohne sogenannte Altersprobleme. Wenn man natürlich die Youngsters belehren will, wo's langgeht, hat man nicht die besten Karten. Ich find die Sub klasse, wir haben, glaub' ich, mehr Chancen als Heteros, die doch sehr festgefahren sind ab einem bestimmten Alter. Ich glaube durch die Gemeinsamkeiten, die Schwule haben, können sie einiges an Nachteilen ausgleichen, und die Subkultur ist für alle Altersstufen da. Nehmen wir sie uns!«

Nils (38) findet, »daß das heute weniger verklemmt zugeht, als bei meinem Coming-out. Damals war Alter ein Tabu, man wollte das am liebsten nicht sehen. Heute gehe ich noch in die gleichen Schuppen, ohne noch über mein Alter nachzudenken. Das ist doch selbstverständlich, daß da Bundfalten-Daddies genauso stehen wie Bubies im Boysband-Design. Das ist heute viel gemischter, und wo ich bin, da bin ich. Dumme Sprüche habe ich noch nicht gehört. Höchstens, wenn sich einer blöd verhält. Aber es gibt doch genug Orte, wo Gleichaltrige unter sich sein können. Die Vielfalt mancher Szeneläden beweist doch, daß viele aber den Kontakt zu anderen wollen. Ich sehe da kein Problem. Einer meiner besten Freunde ist jetzt fünfundsechzig geworden. Ich war auf seiner Fete mit meinem Freund, der siebenundzwanzig ist. Da war kein Alterskonflikt weit und breit, sondern ein rauschendes Fest.«

Robert hat letzte Woche seinen Siebzigsten gefeiert. Auf seiner Party waren fast fünfzig Gäste. »Von wegen einsam«, wettert er, »wo sind denn bloß die Altherrenmannschaften? Warum graben die sich ein und klagen? Vor der Rente waren wir doch auch für uns selbst verantwortlich, warum sollte das jetzt anders sein? Wenn wir keine Präsenz zeigen, überlassen wir anderen das Feld.« Robert meint, daß viele sich zurückziehen, »weil die sowieso nicht mit ihrer Homosexualität zu leben gelernt haben. Die jammern dann, ich hau' lieber auf die Pauke. Als mich mein Briefträger neulich gefragt hatte, ob ich Witwer sei, da hab' ich gesagt: ›Junger Mann, es gibt auch andere Möglichkeiten!‹« Robert spricht energisch, und seine Augen funkeln kämpferisch. Im Sommer genießt er die Sonne auf der FKK-Wiese, und in der regnerischen und kalten Jahreszeit ist er noch mehrmals die Woche im Café oder in einer seiner Bars. Ab und an nimmt er jemand mit nach Hause und bezahlt dafür. »Aber ich brauch' das nicht, und ich steh' auch nicht auf besonders jung.

Die midlife-Sub auf Gran Canaria

Was zunächst viele erstaunt: Auch die Urlauber-Szene im Süden ist keineswegs blutjungen Designer-Boys vorbehalten. Schon ein flüchtiger Blick in einen Gay-Guide fördert zutage, daß mehr als drei Viertel der einschlägigen Bars in den Feriendomizilen Ibiza, Gran Canaria und Sitges von Schwulen gemischten Alters frequentiert werden. Und nur eine Minderzahl findet sich an Szenetreffpunkten, in denen nur die jüngsten verkehren. Das Alter von 30-60 ist an den Sonnenseiten des Lebens am stärksten vertreten. Das gilt auch für die schwulen Strände und Cruising-Plätze. An vielen Orten sind aber auch Gays über 60 stark präsent Offenbar geht diese Botschaft an denjenigen vorbei, die über Jugendkult und mangelnde Kontaktmöglichkeiten für das mittlere Alter klagen.

Bei den Recherchen zu diesem Buch habe ich die schwulen ›Hauptstädte‹ Europas sämtlichst abgeschritten. Und ich kann nur bestätigen, daß diese Welt nicht nur den Youngsters gehört.

Das mittlere Alter zieht sich etwa hoch bis sechzig, und manchmal etwas drüber. Dann wird es mau. Ich nehme an, daß die Schwulen, die heute an die Siebzig und drüber sind, sich keine ihnen gemäße Infrastruktur mehr schaffen konnten. Ich glaube, daß Schwule, die heute in der Mitte ihres Lebens stehen, es später einmal besser machen können. Schließlich ist jetzt auch schon manch ein Urlaubswirt, der mit vierzig seine Karriere im Süden begann, an die Sechzig. Und seine Stammgäste werden auch nicht unbedingt jünger...

Die zukünftigen Alten werden da anders drauf sein. Wann entstehen die ersten Wohnanlagen für alte Schwule? Eine Gruppe mittelalter Schwuler in Hamburg plant bereits ein Wohnprojekt mit Eigentumswohnungen, die altersgerecht konzipiert sind. Weitere Projekte gibt es in Köln und Berlin.

Auch Ferienanlagen in den schwulen Hauptstädten für Ältere und Jüngere können auf diese Weise geplant werden. Damit wäre schon vieles erreicht, wovon unsere ›Vorfahren‹ nur träumen konnten. Wir können diese Träume wahrmachen! Aber wir müssen dazu aktiv etwas tun.

Wieviele ältere Schwule haben mir schon erzählt, sie wüßten nicht, was sie mit dem Erbe anfangen sollen! Einige haben Wohnanlagen für Schwule gegründet oder eine Schwulenbar auf Gran Canaria gekauft – sowas gibt's sogar für DM 60.000! Manche nehmen einen Teilhaber oder setzen jemand als Pächter ein. Es gibt auch Magazine über schwules Reisen. Einige Veranstalter bieten Gay-Tours in spezielle Anlagen oder Hotels, die entweder nur oder zu wesentlichen Teilen von Schwulen gebucht werden.

4

Liebe ist keine Altersfrage!

Jüngere, die auf Ältere stehen

Eines der verbreitetsten Märchen über schwule Beziehungen besagt, daß Gleichaltrige am besten miteinander auskommen. Erstens stimmt das nicht mit der Wirklichkeit überein, und zweitens ist das nicht einmal folgerichtig. Denn wir finden ebenso viele Gründe dafür, warum Gleichaltrige einander verstehen wie dafür, daß Ältere und Jüngere besser miteinander auskommen. Der Junge gewinnt mit dem Älteren einen Erfahrungsschatz, der Ältere dagegen erhält neue Anregungen. Lassen wir also solche Spekulationen und sehen uns statt dessen die Beziehungswirklichkeit von Paaren mit großem Altersunterschied an.

Klaus ist Anfang Sechzig, sein Freund Manuel Anfang Dreißig. Beide wohnen seit vier Jahren zusammen und sagen voneinander sehr harmonisch, daß sie den Richtigen gefunden haben. Klaus erzählt, wie beide sich kennenlernten: »Das war vor sechs Jahren in der Innenstadt, bei Mövenpick. Wir tranken dort einen Kaffee. Wie der Zufall so spielt, landeten wir zwischen alten Damen und hastigen Einkäufern an einem Tisch. Der Blickkontakt war sofort da, aber wir waren uns unsicher, ob der andere schwul ist. Ein Gespräch begann, wir saßen sehr eng zusammen. Übers Schwulsein haben wir gar nicht gesprochen, und uns, als wäre es selbstverständlich, neu verabredet. Irgendwie wußten wir beide mehr voneinander, als wir hätten wissen können... Aber es war alles so selbstverständlich.«

Manuel hat das ähnlich erlebt. Ihn hatte die Ruhe fasziniert, »mit der dieser wunderschöne reife Herr in dieser Situation reagiert hatte. Alles was er erzählte, interessierte mich von Anfang an. Ich fragte und fragte. Ich glaube, ich unterbrach ihn einmal und sagte: ›Schön, daß ich Sie kennengelernt habe.‹ Er antwortete: ›Ganz meinerseits! Aber wollen wir uns nicht duzen?‹ So begann unsere Romanze, ja, ich nenne das so. Denn vorher war ich nie so zufrieden mit einer Beziehung gewesen. Ich lebe seit dem sechzehnten Lebensjahr schwul und hatte somit vorher einige Kontakte – ich war damals ja vierundzwanzig. Klaus' Alter hat mich nie wirklich interessiert, ich habe ihn erst ein halbes Jahr, nachdem wir schon eine Beziehung führten, danach gefragt. Von sich aus hat er nie etwas dazu gesagt. Ich dachte, da mußt du Rücksicht nehmen, da ist er wohl empfindlich.«

Wie ist das Zusammenleben zwischen jung und alt, gehen die Interessen nicht weit auseinander? Beide schütteln gleichzeitig den Kopf auf diese Frage. Manuel: »Was wir machen und wo wir hingehen, ist altersunabhängig. In die Kneipen oder Diskos, die bei den Jungen in sind, bin ich sowieso so gut wie nie gegangen. Mich interessieren gute Eßlokale, Kino, Theater, Reisen, Spazieren gehen und Schwimmen. Da spielt das Alter keine Rolle.« Klaus: »Wir mögen sogar teilweise die gleiche Musik! E und U. Und Schwimmen gehe ich auch ganz gerne mal. Anders wäre das wohl, wenn mein Freund auf Roller-Skating stehen und nur in Techno-Läden gehen würde. Dann wären die Interessen sehr schwer vereinbar. Aber von solchen Differenzen merke ich wirklich nichts. Nicht mal beim Wohnen, obwohl da bei uns jeder sein Reich hat.« Und wie steht's mit dem Sex? Klaus: »Ich hab' noch nicht bemerkt, daß es da Probleme gibt.

Ich bin aber häufig der Aktivere. Vielleicht, weil ich mehr nachzuholen habe. Aber damit das nicht falsch verstanden wird: Mit Nachholen meine ich nicht Fremdgehen.« Manuel: »Ja, manchmal denke ich, im Bett ist Klaus der Jüngere. Wenn meine Stimmung schlecht ist, dann will ich keinen Sex. Aber wenn wir zusammen sind, dann klappt das so, wie wir uns das immer vorgestellt haben.«

So übereinstimmend müssen die Interessen und Wünsche gar nicht sein. Ein anders Paar sind Andreas (28) und Detlef (51). Sie gehen beide ihre eigenen Wege und erleben dennoch viel gemeinsam. Andreas zieht schon gerne mal »durch die Gemeinde«, während Detlef eher zurückgezogen lebt. Manchmal kommt schon Eifersucht bei ihm auf: »Ich denke dann, wie schwer das ist, so eine Beziehung nochmal aufzubauen, und ärgere mich. Das führt zu Spannungen bei uns. Wir gehen manchmal auch in eine Beratung, um das abzumildern.« Andreas: »Ich bin allerdings weniger eifersüchtig, vielleicht, weil ich mir unserer Liebe sicherer bin. Das hat nichts mit dem Alter zu tun, glaube ich. Denn Detlef könnte ja auch wieder jemanden finden. Denn wo die Liebe hinfällt, das ist wirklich nicht am Alter festzumachen. Die Leute glauben das nur. Ich hab' jedenfalls andere Interessen als Detlef und finde das auch gut so. Weil dadurch unsere Beziehung abwechslungsreicher ist. Nicht alles gemeinsam zu machen kann auch sehr anregend für neue Ideen sein.« Detlef: »Das belastet mich auch gar nicht. Ich bin immer ganz Ohr, wenn Andreas erzählt, was in seinen Kreisen so los ist. Ich hab' dadurch guten Kontakt zu Jüngeren, was für mich auch sehr belebend ist. Und eifersüchtig war ich schon immer, was also nichts damit zu tun hat, daß ich der Alte (lacht) bin, der froh sein dürfte, noch einen Jungen abgekriegt zu haben. Das ist absurd!« Andreas stimmt ihm zu und bemerkt noch: »Ich war vor unserer Beziehung viel länger allein als er.«

Die Beziehungskiste zwischen Alt und Jung ist für sehr viele eine Bereicherung. Ein zwanzigjähriger Gesprächspartner drückte das mal so aus: »Von einem älteren Lover kann ich etwas lernen, von einem gleichaltrigen viel weniger, weil ihm noch die Erfahrung fehlt. Außerdem verliert der Ältere durch mich dann nicht den Anschluß und profitiert. Vielleicht bemüht er sich sogar, sich optisch in Form zu halten, weil er denkt: ›Ich habe einen jüngeren Freund und muß auf mein Äußeres achten‹. Das ergänzt sich gut. Und was soll sich bei Leuten meines Alters schon ergänzen?«

Andere befürchten, in eine Vater-Sohn-Beziehung hineinzugeraten, in der der Jüngere unselbständig und der Ältere dominant ist. Befürchten kann man das wohl nur, wenn man das nicht möchte. Viele berichten aber, daß sie genau das anstreben. Dadurch kann der Ältere sein Bedürfnis nach Führung und der Jüngere sein Bedürfnis geführt zu werden ausleben. Immerhin funktioniert auch die Ehe zwischen Mann und Frau über weite Strecken in der gleichen Weise, da das Verhältnis zwischen den Geschlechtern oft sehr ungleich ist. Zwei Männer aber haben, zumindest politisch besehen, die gleiche ›Macht‹. Wenn solche Beziehungen den Bedürfnissen beider gerecht werden, haben sie eine gute Chance, stabil zu bleiben. Wer das nicht möchte, kann aber ebenfalls beruhigt sein: Es gibt viele Alt-Jung-Beziehungen, in denen auch der Junge selbständig ist. Die Rollen verteilen sich nicht klischeehaft, sondern sehr individuell. Ein ganz gutes Beispiel dafür sind Jochen (27) und Günther(54).

Die beiden leben seit sechs Jahren zusammen und haben sich trotz einiger Krisen immer wieder zusammengerauft. Werner sieht das gelassen: »Wir haben ja viele Freunde, wo Gleichaltrige zusammen sind, und da gibt es die gleichen Krisen. Mit Günther führte ich folgendes Interview:

R.W.: Wie lernt ein etwas älterer einen etwas jüngeren Mann kennen?
Günther: Ich kam vom schwulen Tanzkurs, und da saß da dieser junge Mann, damals 22, im Café. Ich hab' gedacht: Um Gottes willen! Ist das ein Typ! Mehr nicht. Er fand mich fürchterlich tuckig und fürchterlich bleich, weil ich etwas abgespannt war. Ich weiß nicht mehr, wie wir ins Gespräch kamen. Jedenfalls hat es fürchterlich gefunkt bei mir und – wie ich den Eindruck hatte – bei Jochen auch.
R.W.: Da schon?
Günther: Ja, ja! Bei der ersten Begegnung. Ich weiß heute, vom gemeinsamen Fernsehen, welche Typen er ansieht und daß er wohl auf Ältere steht.
R.W.: Und du stehst auf Jüngere?
Günther: Nicht unbedingt. Meine Freunde waren bis dahin alle gleichaltrig, also meine beiden Beziehungen, die ich lange Jahre hatte.
R.W.: Hast du längere Zeit als Single gelebt?
Günther: Ja, einige Jahre. Ich war auch aufs Alleinleben eingestellt und gar nicht auf der Suche, so auch Jochen. Daher haben wir uns ganz relaxt kennengelernt.
R.W.: Was hat sich für euch seitdem verändert?
Günther: Die sechs Jahre sind verflogen wie nichts! Aber mein Freund ist reifer geworden und selbständiger, auch was seine Homosexualität betrifft. So eine Beziehung, bei der man eine gemeinsame Wohnung hat, habe ich noch nie gehabt. Das war eine Riesenumstellung, irgendwie muß ich dann ja doch fü zwei denken.
R.W.: Du hast ja nun den Vergleich zwischen Beziehungen mit Gleichaltrigen und Jüngeren. Was unterscheidet sich da?
Günther: Jochen ist sehr viel emotionaler, im Gegensatz zu mir. Er ist flippiger. Wenn man gleichaltrig ist, hat man auch immer den gleichen Entwicklungsstand in etwa, und heute sehe ich,

daß er auf Dinge ganz anders reagiert, als ich es tue. Ich bin schon abgeklärter, lebenserfahrener.
R.W.: Wie verarbeitest du diese Mentalitätsunterschiede?
Günther: Er ist viel spontaner, als ich das jetzt bin mit Mitte Fünfzig. Er gibt mir aber dadurch sehr viel zurück. Wenn ich manchmal Dinge nicht ganz packe, dann sage ich mir, verdammt nochmal, wie hab' ich denn in dem Alter reagiert. Ich muß also sehr viel auch zurückdenken – 27 Jahre zurück – und sagen: Wart mal, ich hab' doch damals auch so reagiert. Ich stand doch auch so auf Parfüms, und die Haare mußten sitzen, die Klamotten mußten stimmen. Das sind Dinge, die für mich heute nicht mehr ganz so wichtig sind, aber die waren's ja damals für mich auch. Jochen bringt mir meine Jugend witzigerweise zurück, zumindest phasenweise.
R.W.: Was macht ihr, wenn Jochen jetzt jedes Wochenende bis morgens um zehn Party machen will?
Günther: Dann mache ich solange mit, wie ich's schaffe, und danach klink' ich mich aus. Er ist sehr zuverlässig und ehrlich. Ich kann ihn da ruhig laufen lassen. Wenn man zusammenlebt, muß man auch so ein bißchen seinen eigenen Freiraum haben. Ansonsten laß ich ihn halt sausen, wenn er morgens um halb acht nach Hause kommt, das ist dann sein Problem, wie er über den Tag kommt. Er hat auch seinen Wochentag, und ich habe auch einen, wo wir getrennt unseren Herrenabend machen. Denn wenn man immer nur das Gleiche erlebt, ist ja auch kein Austausch mehr da.
R.W.: Bezieht sich der Herrenabend auch auf sexuellem Gebiet?
Günther: Solange du weißt, wer dein Lebenspartner ist, ist das in Ordnung. Und was nützt das, wenn da jemand zwischenfunkt, kommt der sowieso dazwischen – ob ich da nun ja oder nein sage. Aber die sexuelle Geschichte ist eine halbe Stunde und wir sind vierundzwanzig Stunden zusammen. Wir sind freundschaftlich und emotional so aneinander gebunden, daß

ich da sehr wenig Angst habe. Ich sage manchmal: Er gehört mir nicht, ich habe ihn nur geliehen.

R.W.: Klingt ja wie eine Beziehung ohne Probleme.

Günther: Das wär ja stinklangweilig. Wir haben nur wieder eine so gute Phase gerade. Probleme haben wir aber auch.

R.W.: Gibt es Probleme, die aus dem Altersunterschied resultieren?

Günther: Ja schon, aber wir können über alles reden, von der Sexualität bis zu den Finanzen. Wir haben einiges gelernt, und wir sind immer noch am Üben! Und damit sind die dreiundzwanzigeinhalb restlichen Stunden für uns sehr erfüllt.

R.W.: Was hältst du von dem Klischee, daß in Beziehungen mit großem Altersunterschied Vater und Sohn gespielt wird?

Günther: (lacht) Das Äußere lassen wir gern gelten! Wenn wir ins Hotel kommen, heißt es Familie soundso – die Leute sollen denken, was sie wollen, das interessiert mich nicht. Aber ich habe das erste Mal das Gefühl, daß ich mich an einen Freund anlehnen kann – er ist für sein Alter, zumindest was lebensentscheidende Dinge betrifft, ganz realistisch – eher mehr als meine früheren gleichaltrigen Freunde. Und ich finde es angenehm, endlich mal nicht alle Entscheidungen alleine treffen zu müssen. Ich mache meinen Altersgenossen manchmal den Vorwurf, daß sie ihre jüngeren Lebenspartner tatsächlich wie Kinder behandeln. Ich denke manchmal an einen Vortrag, den ich mal als Dreißigjähriger gehört habe von einem alten Herrn, der sagte: »Sei neugierig aufs Leben! Dann wirst du nie alt.«

R.W.: Und wenn Jochen sich von dir trennen würde…

Günther: Nein, ich hab' keine Angst davor. Ich würde in kein Vakuum stürzen. Ich hab wunderschöne Jahre hinter mir, die kann mir keiner nehmen! Ich kann auch nicht bestimmen, was morgen ist. Ich mach' mir auch darüber keine Gedanken. Wir haben auch schon schwere Phasen hinter uns, da hab' ich mir Gedanken gemacht. Jetzt hab' ich keine Angst davor, wovor auch? Alleinsein? Einsam muß ich nicht sein, da kann ich was gegen tun. Ich hab' ein Hobby, mache ein bißchen Sport, das könnte ich alles intensivieren. Und Leute kann ich auch kennenlernen.

R.W.: Was hältst du von der Auffassung: Mit Sechzig findet man doch ganz bestimmt keinen Freund mehr?

Günther: Das ist Blödsinn! Ich kann auch mit sechzig noch einen Freund finden. Wenn ich mich natürlich hinstelle und mir ein Bild an die Wand male und sage, den möchte ich kennenlernen, oder losrenne – krampfig und geifernd –, dann wird's nix. Ich habe in dem Moment, wo ich losgelassen habe und mir gesagt habe, du bist allein, aber nicht einsam, Jochen kennengelernt.

So gelassen wie Günther seine Beziehung verwirklicht, schaffen das nicht alle, die eine Beziehung zwischen Alt und Jung pflegen. Ältere meinen manchmal, sie seien der weniger begehrenswerte Partner – weil sie selbst auf jung stehen. Dem Freund aber geht es vielleicht gerade umgekehrt. Beide haben ihre Gründe, warum sie den anderen begehrenswerter finden, und beide irren sich, wenn sie von ihrer Einschätzung auf die des Partners schließen. Ich führe manchmal folgenden Vergleich an: Stell dir zwei Partner vor, die sehr verschieden sind. Einer ist eher musisch interessiert, und der andere handwerklich bewandert. Beide finden für sich selbst jeweils gerade die Eigenschaften des anderen als Ergänzung besonders interessant. Weshalb sollten dann beide denken: »Ich bin aber unattraktiver, weil er die Merkmale hat, die ich beim Partner mag?« Beim Altersunterschied ist das nicht anders als bei anderen Merkmalen. Man hat sich dann ja gerade einen Partner ausgesucht, der sich von einem selbst unterscheidet. Und der Freund eben auch. Wäre ein Merkmal wie das Alter grundsätzlich etwas Negatives für einen der Partner, hätte er doch gleich eine andere Wahl getroffen.

An Verlustängsten in solchen Beziehungen läßt sich arbeiten. Dazu ein Gespräch mit Tobias, der einen fünfzehn Jahre jüngeren Freund hat.

R.W.: Welches Gefühl haben Sie, wenn Sie denken, Ihr Freund liebt Sie nicht.
Tobias: Na ja, also nicht genug sein.
R.W.: Nicht genug wozu?
Tobias: Für ihn.
R.W.: Hat ihn jemand gezwungen, mit Ihnen seit nun sieben Jahren zusammenzuleben?
Tobias: Nein, stimmt. Aber das fällt mir in solchen Situationen nicht ein.
R.W.: Schreiben Sie sich das auf und tragen Sie es immer bei sich!
Tobias: Ja, das ist gut.
R.W.: Schauen wir noch weiter. Wozu brauchen Sie die Liebesbekundung Ihres Freundes?
Tobias: Braucht die nicht jeder?
R.W.: Meinen Sie, daß der Vorsitzende eines Vereins für überzeugte Singles das auch so sieht?
Tobias: Nee, (lacht) da gibt es wohl Unterschiede.
R.W.: Und die bestehen worin?
Tobias: Ich glaube dann immer, daß ich so bedeutungslos bin.
R.W.: Sind Sie jetzt bedeutungsvoll?
Tobias: Ja, das glaube ich schon.
R.W.: Und wenn Ihr Freund ihnen nichts Liebes sagt, sind Sie plötzlich ein anderer Mensch?
Tobias: Nein, derselbe.
R.W.: Genauso bedeutungsvoll wie vorher?
Tobias: (überlegt angestrengt) Also im Prinzip ja. Na ja, also das klingt ziemlich logisch, daß ich doch derselbe bin, egal, was er sagt, das ist egal dafür…

R.W.: Wofür?
Tobias: Für mein Wertgefühl.
R.W.: Was also müssen Sie sich in genau diesem Augenblick sagen, statt ich bin nix wert?
Tobias: Daß das nichts damit zu tun hat mit meinem Wert.
R.W.: Gut!
Tobias: Aber das Wissen allein reicht doch nicht...
R.W.: Ja, das glaube ich auch! Wann erst werden Sie Ihr Ziel von mehr Gelassenheit erreichen?
Tobias: Wenn ich davon überzeugt bin, was wir hier herausgefunden haben...
R.W.: Ja. Und wie gewinnen Sie diese Überzeugung?
Tobias: Vielleicht, indem ich mir das öfter mal klarmache.
R.W.: Wann?
Tobias: Immer wenn ich diesen alten Mist denke.

So ist es. Was wir schon viele Jahre oder Jahrzehnte verinnerlicht haben, das werden wir kaum über Nacht ablegen können. Wir können aber kontinuierlich dagegen anstinken, wann immer wir bemerken, daß wir unseren alten Überzeugungen das Ruder in die Hand geben. Allein durch besseres Wissen ändern wir unsere Sichtweisen nicht unbedingt. Auch wenn wir wissen, daß in England links gefahren wird, greifen wir sowohl als Fußgänger als auch als Fahrer immer wieder auf unseren alten ›Rechtsglauben‹ zurück und gucken in die falsche Richtung beim Überqueren der Straße oder fahren falsch. Dennoch ist Umlernen möglich. Je früher, desto einfacher. Je häufiger wir uns auf das neue System besinnen und unsere alte Reaktion stoppen, um so schneller. Je weniger wir uns für die Fehler, die wir dabei machen, selbst beschimpfen, um so angenehmer und wirksamer ist unser Lernprozeß.

Eines der wohl häufigsten Klagen, die ich von älteren Schwulen höre, lautet: »Ich bin zu alt für einen neuen Lebenspartner.« Tatsächlich weiß ich, daß niemand zu alt, dick oder häßlich ist, um einen Freund zu finden. Beweis sind unsere ›Oldies‹, die trotz aller realen Erschwernisse einen Freund haben. Ernst (57) erwiderte mir: »Das sind Ausnahmen.«

Meine Frage war: »Möchten Sie auch eine solche Ausnahme werden?« Ernst blickte mich fassungslos an und sagte: »Das ist doch unmöglich.«

R.W.: Sind Sie sich absolut sicher, daß Sie keine Chance haben, einen Freund oder Partner zu finden?
Ernst: So formuliert nun auch nicht.
R.W.: Und möchten Sie diese Chance nutzen?
Ernst: Das versuche ich doch schon so lange. Aber das ist sehr schwer.
R.W.: Vielleicht. Wollen wir uns ansehen, wie Sie ihre Chancen besser nutzen können?
Ernst: Ja, aber dadurch finde ich kurzfristig auch keinen Partner. Ich will doch nur, daß jemand versteht, wie sinnlos alles ist.
R.W.: Wenn ich Ihnen bestätige, daß Sie nie mehr einen Partner finden, fühlen Sie sich besser?
Ernst: Tja, vielleicht stimmt das gar nicht. Nur so für den Moment vielleicht, weil ich dann nicht mir die Schuld gebe.
R.W.: Möchten Sie diesen Moment erleben oder langfristig Ihre Aussichten verbessern?
Ernst: Ja, eigentlich möchte ich schon Letzteres…
R.W.: Aber?
Ernst: … dann müßte ich etwas unternehmen und in Kauf nehmen, daß ich Enttäuschungen erlebe.
R.W.: Ja. Ein hoher Preis, nicht wahr?
Ernst: Allerdings.
R.W.: Höher als der, den Sie jetzt zahlen? Aussichtslosigkeit, Resignation und Alleinsein?

Ernst: Nee, der ist ja noch höher.
R.W.: Dann haben Sie jetzt die Wahl, zwischen zwei hohen Preisen, von denen einer noch höher ist.
Ernst: (lacht) Ja, so ist das Leben wohl wirklich!
R.W.: Ja. Schön, daß wir die Wahl haben.
Ernst: Ja, eben, das ist mir jetzt klar vor Augen. Nein, so nicht mehr! Ich möchte jetzt sehen, was ich tun kann.

Ernst begann nun, seine schwulen Kontakte wieder aufzubauen, und fand nach einem Jahr einen Partner. Die beiden schauen manchmal bei mir herein, und Ernst ist ein bißchen stolz auf sich, weil er aus seiner Situation das Beste gemacht hat – auch ohne Garantieschein auf Erfolg. Er erzählt manchmal, daß er sich verändert hat. Sicher war ihm vorher auch schon unterschwellig bewußt, daß seine Resignation ihm geschadet hatte. Sonst wäre er vermutlich nie in eine Beratung gegangen. Aber er mochte sich das nie deutlich vor Augen halten, weil er eine »Höllenangst« vor Enttäuschungen aufgebaut hatte, die er nun schrittweise abzubauen lernte. Ich konnte ihm behilflich sein, sich der Konsequenzen seiner Passivität bewußt zu werden und sich bewußt und planvoll zu entscheiden. Ernst ist es mit viel Eigeninitiative gelungen, auch längerfristig seine Neuentscheidung zu praktizieren.

5

Im Lustgarten

mehr Genuss und Wohlgefühl

Wann Menschen beginnen, sich aufgrund ihres Alters runterzumachen, ist unterschiedlich. Viele tun das nie. Du wirst in diesem Kapitel erfahren, wie du dich gegen Mißmut *wegen* deines Alters besser schützen und in Sachen Genuß – unabhängig von deinem Geburtsjahr – dazulernen kannst.

Im Laufe der Jahre verzichten wir auf vieles, woran wir früher einmal Freude fanden, weil uns andere Dinge wichtiger werden. Manche Menschen verlernen jedoch das Genießen und fragen sich, ob sie nun zu alt dazu sind. Das betrifft Sechzigjährige als auch Männer, die mit Mitte Dreißig plötzlich feststellen, daß sie doch früher mehr Freude erlebt hatten. Und von allen Altersgruppen habe ich schon gehört, daß sie ihr Alter als Ursache für ihre Lustlosigkeit betrachten. Statt zu fragen: »Wie kann ich jetzt – in meinem Alter – den Genuß zurückerobern?« stellen sich einige die hoffnungstötende Frage: »Warum bin ich nur zu alt?« Dabei wird unterstellt, das Alter sei Schuld und man habe gar keine andere Wahl, als künftig den Griesgram zu pachten. Ich mache einen Gegenvorschlag: Wo immer du dich bei solchen Gedanken ertappst, unterstelle einmal genau das Gegenteil. Nämlich daß man in jedem Alter Möglichkeiten finden kann, das Leben zu genießen.

Und stelle dir nur noch die Frage: »Wie komme ich da möglichst schnell hin? Was muß ich tun, um das auszuschöpfen, was ich bekommen kann?«

Manchmal helfen schon Mittel aus der psychologischen Hausapotheke. Wenn man sich zurückbesinnt, was man schon immer mal tun wollte oder woran man schon einmal Freude hatte, kann man wieder Kontakt zu den eigenen Freude-Ressourcen bekommen.

Der Lustgarten

Schreibe dir alles auf, woran du einmal Freude hattest – als Kind, als Jugendlicher, als Erwachsener. Um dir selbst vor Augen zu halten, daß es auf deine Aktivität ankommt, baue dir daraus einen Lustgarten. Der ist nicht von Pappe, sondern aus derselben: Lege dir einen schönen Garten auf einer farbigen Pappe an, so, wie du früher vielleicht Pfefferkuchenhäuschen gebaut hast. In diesen Garten stellst du bunte und verschieden große Monumente, die du auch mit Bildern bekleben kannst und die Aktivitäten repräsentieren, an denen du Freude empfinden kannst. Beim Basteln wirst du vielleicht merken, daß man in manchen Dingen immer ein Kind bleibt. Vor allem aber beschäftigst du dich längere Zeit und sehr sinnlich mit deinen Möglichkeiten. Und du kannst sie jeden Tag bewundern und erinnerst dich stetig daran.

Viele lernen mit Wonne in Sachen Genuß dazu. Bedenke aber, daß Genuß nicht durch die Quantität zustande kommt. Wenn man gern einen schönen Film sieht, verzehnfacht sich der Genuß nicht, wenn man den ganzen Tag vor dem Fernseher sitzt. Lege dir ein eigenes Programm zurecht, mit dem du dir täglich etwas gönnst. Genuß bedeutet weiterhin, sich auf etwas einlassen zu können. Wer nicht bereit ist, sich einer Sache hinzugeben, wird kaum genießen. Dazu muß man sich bewußt *entscheiden.* Wenn man genießen möchte, lenkt man die Aufmerksamkeit auf den Genuß. Wer mit seinen Gedanken bei den Dingen bleibt, mit denen er sich belastet, wird nicht genießen.

Manchmal höre ich an dieser Stelle: »Aber mir macht das doch keinen Spaß mehr... « Ich frage dann immer: Wodurch entsteht Spaß? Belauschen wir dazu gleich ein Gespräch mit Werner, der 57 Jahre alt ist und sich zunehmend zurückgezogen hat. Mit Werner habe ich daran gearbeitet, Perspektiven aufzubauen. Er hatte in seinem Leben sehr viel Glück gehabt und hatte nie daran gedacht, seinen Partner zu verlieren. Als der gestorben war, hatte Werner resigniert. Er glaubte, ihm könne nur noch Unheil geschehen. Nie hatte er sich vorher damit auseinandergesetzt, daß er einen solchen Verlust erleiden könnte. Er meinte nun, als »Alter« keine Perspektive mehr zu haben, doch in unseren Gesprächen hat er herausgefunden, daß das Leben ständig Möglichkeiten bietet. Ihm kamen aber immer wieder seine inzwischen sehr festgefahrenen und sehr düsteren Gedanken in den Kopf. Ich wollte ihm vermitteln, daß er sich entscheiden kann, wieder mehr für ihn angenehme Dinge zu erleben. Dazu mußte ihm aber erstmal klarwerden, daß das wirklich *seine* Entscheidung ist – auch und gerade bei den kleinen Alltagsaktivitäten.

Werner: Genießen, das ist ja gut und schön, aber ich kann mich nur selten richtig freuen.
R.W.: Haben Sie schon mal Spaß und Freude erlebt?
Werner: Ja sicher!
R.W.: Wie haben Sie das gemacht?
Werner: Das ging automatisch.
R.W.: Was haben Sie fast automatisch gemacht?
Werner: Die Freude war dann einfach da.

R.W.: Freude wobei?
Werner: Zum Beispiel bei gutem Essen.
R.W.: Lassen Sie uns genau hinsehen, was Sie selbst dazu getan haben. Stellen Sie sich die Situation vor. Sie geben sich gerade der Vorfreude hin und wissen, gleich wird serviert.
Werner: Genau so war das immer. Dann habe ich gedacht, das wird ein toller Abend.
R.W.: Sie haben sich damit entschieden, ihre ganze Aufmerksamkeit dem tollen Essen zu widmen. Wohlgefühl?
Werner: Dadurch, daß ich etwas schön und toll finde.
R.W.: Mußten Sie sich damals auch entscheiden, ob Sie Ihre Sorgen in den Vordergrund rücken oder sich einfach dem Genuß hingeben?
Werner: Jetzt versteh' ich. Eigentlich ging auch das nicht automatisch. Ich habe es in der Hand, zu jammern oder zu genießen, was da ist.
R.W.: Prima, das klingt gut. Lassen Sie uns aber auch noch eine kleine Impfung einbauen: Wie wollen Sie reagieren, wenn Sie trotzdem denken: »Ich habe aber noch allerlei Probleme«?
Werner: Etwa so: Leider habe ich viele Jahre resigniert, schön, daß ich jetzt begonnen habe, mein Leben wieder zu nutzen und an mir zu arbeiten. Aber jetzt will ich einfach genießen, denn alle Probleme auf einmal kann ich nicht lösen.

Alter als Makel?

Sehen wir uns nun eine typische Situation an, in der manche Menschen mit ziemlichem Grummeln im Bauch, vielleicht sogar mit Scham, reagieren. Sie werden auf ihr Alter angesprochen – in einer Bar, in einer Gruppe. Das ist unvermeidlich und kann uns überall passieren. Reinhard erzählte mir dazu folgendes:

»Mir ist das dann wahnsinnig peinlich! Ich bin ja schon über Fünfzig und ahne dann Böses. Ich fühl' mich dann so klein und out.« Zunächst fragte ich ihn, ob denn alle Menschen sich ihres Alters schämten. »Nein!« war seine konsequente Antwort. »Halten wir das schon mal fest«, sagte ich: Wenn ich mich schäme, hat das nichts mit meinem Alter zu tun, denn sonst müßten sich in der gleichen Situation alle Menschen meines Alters schämen. Tun sie aber nicht. Ergo: Scham hat nichts ursächlich mit dem Alter zu tun.

Dieser erste Schritt zu einer neuen Einstellung zum Alter klingt hier sehr einfach. Tatsächlich haben wir uns über eine Stunde unterhalten, weil Reinhard immer wieder Gründe fand, warum das doch was mit dem Alter zu tun habe. Reinhard nimmt das Alter bzw. das, was er glaubt, was ein anderer darüber denkt, zum Anlaß, sich klein und nichtig zu fühlen. Wer das ebenso macht und lernen möchte, das zu ändern, dem kann unser folgendes Gespräch hilfreiche Anregungen geben.

Reinhard: Wenn mich einer darauf anspricht, dann denke ich: Der fragt sich, was so ein alter Knacker hier noch will, und dann rattert das weiter in meinem Kopf, und ich fühl' mich so klein und schlecht.
R.W.: Woher weißt du, daß dein Gesprächspartner meint, du seist ein »alter Knacker«, der am besten zu Hause bleiben sollte?
Reinhard: Ich weiß das nicht, ich denke das aber.
R.W.: Du meinst, der könnte auch was ganz anderes denken?
Reinhard: Ja, schon. Das war in dem Fall sogar so.
R.W.: Okay, halten wir auch das fest: Du weißt nicht, was der andere denkt.
Reinhard: Das klingt einfach.
R.W.: Ist es auch einfach für dich, in solcher Situation?

Reinhard: Nein, merkwürdig, da denke ich immer, der hält mich für das Letzte.
R.W.: Ist das gut für dich?
Reinhard: Nein, eher destruktiv.
R.W.: Dann ist das der nächste Schritt: Statt Vermutungen über die anderen anzustellen, pfeife dich mit aller Kraft zurück, und mache dir immer klarer, daß du nicht wirklich weißt, was der andere denkt! Rufe dir ins Gedächtnis, daß du schon oft im Irrtum warst und daß es destruktiv ist, von vornherein solchen Mist anzunehmen.
Reinhard: Meinst du, das kann ich schaffen?
R.W.: Möchtest du das versuchen und immer wieder versuchen?
Reinhard: Ja, gut!
R.W.: Dabei verlierst du etwas. Überleg mal, was das ist!
Reinhard: Weiß nicht.
R.W.: Bisher hast du das doch in einer Hinsicht sehr bequem gehabt.
Reinhard: Ja, jetzt weiß ich, ich brauchte mich gar nicht mehr zu bemühen, und mein Alter war an allem Schuld, und ich war sicher vor Enttäuschungen.
R.W.: Eben. Wenn du dich darauf einläßt zu lernen, ohne solche negativen Spekulationen auf Menschen zuzugehen, dann kannst du enttäuscht werden. Und du hast keinen Grund mehr, dich sogleich zurückzuziehen und das alles auch noch dem anderen in die Schuhe zu schieben. Möchtest du trotz dieser Nachteile lernen, deine Spekulationen abzutrainieren?
Reinhard: Ja.
R.W.: Warum?
Reinhard: Na dafür gewinne ich ja auch viel. Ich beraube mich nicht mehr selbst der Chancen.
R.W.: Du entscheidest dich, nicht freiwillig gleich in den Mist zu fassen, obwohl du dadurch viele Nachteile in Kauf nehmen

mußt. Bennen sie! Und dann liste auch die Vorteile auf. Je klarer du dir deine Entscheidung mit ihren Vor- und Nachteilen machst, um so effektiver.

Bei der nächsten Sitzung besprach ich mit Reinhard den zweiten Teil seiner Auffassung: »Ich bin schlecht, klein und nichtig, weil ich alt bin. Wie peinlich!« Denn wir waren uns einig: Auch wenn ich solche destruktiven Spekulationen über jemanden, der mich auf mein Alter anspricht, nicht mache, kann ich nicht ausschließen, daß irgendwer mal so denkt und mir das auch sagt.

Zunächst sprachen wir über seine unsinnige Annahme, er sei minderwertig, weil ein anderer irgendwas Negatives über sein Alter denken könnte. Ich sagte ihm: »Entweder du siehst dein Alter als etwas Negatives, dich Entwertendes oder nicht. Was kann ein anderer dafür?«

Reinhard: Ja, aber dann denke ich eben auch über mich so schlecht.
R.W.: Genau! Du denkst dann, du bist schlecht. Deshalb fühlst du dich schlecht. Den anderen benutzt du als Anlaß, dich selbst zur Minna zu machen.
Reinhard: Kann man sich denn gegen sowas wehren?
R.W.: Stell dir mal vor, jemand glaubt unumstößlich, er sei der Größte. Nun trifft der zwei Leute. Einer sagt zu ihm: »Du bist klein und nichtig«. Der andere: »Du bist der Größte«. Wem glaubt der wohl?
Reinhard: Na dem zweiten!
R.W.: Und nun stell dir vor, jemand glaubt, er sei minderwertig. Und er trifft die gleichen zwei Leute. Wem glaubt der?
Reinhard: Dem ersten!
R.W.: Was folgt daraus?
Reinhard: Daß wir dem glauben, der das sagt, was wir selbst denken.

R.W. Genau. Wenn du dich nicht selbst wegen deines Alters für minderwertig hältst, was könnte der andere dann ausrichten?
Reinhard: Stimmt, nichts!
R.W.: Einverstanden. Dann laß uns jetzt deine eigene Auffassung bearbeiten, wegen des Alters seist du klein und wertlos. Findest du alle in deinem Alter minderwertig?
Reinhard: Nein.
R.W.: Und wieso bestimmt ausgerechnet bei dir das Alter den minderen Wert?
Reinhard: Das ist doof, ja. Aber ich sehe das so.
R.W.: Geht's dir gut damit?
Reinhard: Nein, ganz schlecht.
R.W.: Möchtest du wiederum lernen, das zu ändern?
Reinhard: Ja, aber wie bloß? Ich glaube in solchen Momenten wirklich, ich muß mich schämen für mein Alter.
R.W.: Schritt eins hast du schon gelernt, um da herauszukommen. Wie war das mit anderen Alten?
Reinhard: Die finde ich nicht minderwertig, da hab' ich sogar Respekt.
R.W.: Gut, dann machen wir jetzt mal ein kleines Rollenspiel. Ich spiele einen anderen Alten, und du spielst dich. Ich sage: »Wie peinlich, daß ich schon so alt bin. Ich bin nichts mehr wert.«

Reinhard begann jetzt voller Elan, seine Ansicht dagegen zu setzen. Er fand aus seiner Überzeugung heraus viele Argumente gegen die unsinnige Verknüpfung von Alter und Selbstwert. Vielleicht gelingt dir das ebenso! Führe selbst dieses Rollenspiel im Geiste durch und schreibe all deine Gründe auf, warum Alter nichts mit dem Wert eines Menschen zu tun hat. Diese Argumente gehst du täglich durch und verfeinerst sie noch. Und dann beginnst du sie zu üben, sie auf dich selbst anzuwenden – in allen Situationen, in denen du dich für dein Alter schämst.

Das ist schwer und anstrengend. Reinhard hat das geschafft. Andere brauchen dazu die Anleitung eines Therapeuten. Wieder andere kommen dazu mit ihren Freunden aus. Eines ist allen gemeinsam: Erfolg damit hat nur, wer bereit ist, sich trotz dieser Mühen eine neue Sichtweise seines Alters zu eigen zu machen. Der Gewinn: Niemand kann uns mehr durch Sprüche wie »Alter Knacker« herunterziehen. Im Gegenteil! Wir werden ihn allenfalls noch bedauern und uns Menschen suchen, die uns nicht solchen Unfug erzählen. Der Verlust: Wir verlieren die Sündenböcke, die »Schuld« daran haben, daß wir uns selbst als minderwertig betrachten. Und wir verlieren die Bequemlichkeit und die Garantie, nie enttäuscht werden zu können, wenn wir uns nicht mehr von vornherein abwerten, damit bloß kein anderer das tun kann. Aber: Uns kann es dann auch egal sein, ob andere uns wertschätzen oder nicht! Denn wir wissen: Mit unserem Wert hat das Alter nichts zu tun. Und wir wissen auch: Mit sehr hoher Wahrscheinlichkeit werden wir Menschen finden können, die uns schätzen. Diejenigen, die das nicht tun, werden dadurch nicht weniger. Aber wir übernehmen deren Abwertungen unserer Person nicht mehr. Wir haben damit die Verantwortung für unsere Gefühle in die eigene Hand genommen.

Gucken wir jetzt noch abschließend, was Reinhard und andere in unseren Rollenspielen zum Thema Wert und Alter herausgefunden haben:

– Manche Menschen bemessen ihren Selbstwert in bestimmten Situationen am Alter. Dies führt zu schlimmen Gefühlen. Auch wer nicht mehr den Idealen einer Szene entspricht, kann für andere besonders attraktiv sein. Mit dem Wert eines Menschen hat das jedoch in keinem Falle etwas zu tun. Es ist ein Unterschied ob jemand sich wünscht, jünger zu sein, weil er darin

Vortei le sieht, oder ob er denkt: »Ich bin nichts mehr wert,weil ich älter bin.« Auch wer sich (unerfüllbarer Weise) wünscht, jünger zu sein, wird sich anders fühlen als jemand, der glaubt, nur als junger Mensch etwas wert zu sein. Wer sich das wünscht, weil es seinem Ideal entspricht, wird unzufrieden bleiben, sofern er sich keine neue Perspektive sucht und sich mit seinem Alter arrangiert. Aber wer sogar seinen Wert danach bestimmt, wird sich niedergeschlagen fühlen. Solche Wertzumessungen sind willkürlich und selbstzerstörerisch. Ausweg: *Lernen, die Selbsterniedrigung aufgrund des Alters abzubauen und ein neues Selbstbild zu entwickeln.*

- Ältere Menschen verfügen oft über viel mehr Erfahrung als junge Leute und so einiges, was für alle wertvoll sein könnte.

- Alter allein ist sicher kein Wert. Aber wir haben die Möglichkeit, die Potentiale zu nutzen und unsere Erfahrungen für andere nutzbar zu machen.

- Ein Mensch besteht aus sehr vielen Eigenschaften. Niemand wird Eigenschaften haben, die alle nur gut finden.

- Ich kann heute etwas tun, was andere gut finden, und morgen das Gegenteil. Nie habe ich einen bestimmten Wert. Wer sollte denn auch festlegen, wie man den bestimmt? Objektive Werte gibt es nicht. Denn immer kann jemand sagen, daß er ganz andere Vorstellungen hat. Deshalb ist die Verknüpfung von Alter und Wert genauso willkürlich wie jede Wertzumessung.

Durch die Einsichten allein wirst du aber deine gewohnte Selbstabwertung nicht abbauen können. Deshalb: Zieh einmal los an Orte, wo vorwiegend Jüngere sind, und beginne dein neues Wissen täglich anzuwenden. Bis es zu deiner festen Überzeugung geworden ist, daß du – egal wie alt du bist – nicht weniger wert bist als andere. Du weißt das jetzt schon – das ist der erste Schritt eines mehr oder minder langen Marsches. Das Wissen ist dein Kompaß. Den Weg in Richtung Selbstakzeptanz mußt du alleine gehen!

Frag dich fit!

Wie wir leben, hängt ganz wesentlich davon ab, welche Fragen wir uns stellen. Es gibt Fettfragen, die uns träge machen, und Fitnessfragen, die uns helfen, das Beste aus unseren Möglichkeiten zu machen. Wie erkennt man sie?

Die meisten sinnlosen Fragen erkennt man an nur einem Wort: dem großen »Warum?« Zumeist lenken wir unsere Gedanken damit in die Abgründe der Vergangenheit und der Unausweichlichkeit. Damit vertun wir unsere Chance, aus den Gegebenheiten das Bestmögliche herauszuschlagen. Stell dir einmal vor, du befindest dich im Urlaub, und es beginnt heftig zu regnen, obwohl du dich sehr auf sonnige Tage gefreut hast. Nun fragt jemand: »Warum passiert mir das? Warum gerade jetzt? Warum nur?«

Meine Frage dazu: »Wozu warum fragen? Würde das Wetter besser, wenn ich wüßte warum?« Welche Frage führt nun dahin, daß ich mich aktiviere und die Gegebenheiten nutze?
Mir fallen diese Fragen ein:

– Was kann ich tun, um dennoch den Tag zu genießen?

– Was kann ich tun, um mich beim nächsten Mal besser auf so etwas vorzubereiten?

– Welche Vorteile kann ich auch aus dem ziehen, was mir nicht paßt?

Genauso kann man Fragen stellen, die sich auf unser Alter beziehen. Statt »Warum bin ich schon so alt?« kann man sich (täglich) fragen:

– Was kann ich tun, um mich auf das Älterwerden besser einzustellen?
– Welche Vorteile habe ich persönlich gegenüber früher, als ich noch viel jünger war?

– Wie finde ich zu einer lebenswerten Perspektive bis ins hohe Alter?

– Welche realistischen Ziele möchte ich zu verwirklichen versuchen ?

– Was kann ich noch heute tun, um damit zu beginnen? Was möchte ich ab heute anders machen?

– Welche Möglichkeiten ließ ich bisher ungenutzt?

Je mehr Energie und Zeit du darauf ver(sch)wendest, dich zu fragen »warum nur?«, um so weniger hast du, um dir konstruktive Fragen zu stellen. Statt Unabänderliches näher zu ergründen, helfen dir zukunftsweisende Fragen dabei, neue Perspektiven aufzubauen und die vorhandenen Möglichkeiten zu nutzen. Wenn du dagegen klagst und dich über Dinge beschwerst, die »nicht sein dürften«, bist du verschlossen.

Ein Zen-Mönch hatte einmal einen Gast, der seine Worte nicht annehmen wollte und statt dessen in seinen Problemen schwelgte. Der Mönch goß ihm Tee ein, bis die Tasse überlief. Der Gast schrie: »Halt, die Tasse ist voll!« Der alte Meister erwiderte: »Das weiß ich! Und wie soll ich dir Zen einschenken, wenn du mir kein leeres Gefäß hinhältst?«

6

Gut gezielt ist halb getroffen

wie man angemessene Ziele findet

Freude empfinden wir nur, wenn wir etwas toll finden – wie sollte das ohne ein persönliches Ziel gehen? Und wie sollen wir etwas an uns selbst gut finden, wenn wir keinen Maßstab mehr dafür haben, was wir wollen, auf welches Ziel wir zusteuern?

Grundsätzlich gilt das für unser ganzes Leben. Bei Älteren und manch anderen kommt hinzu, daß sie freiwillig oder unfreiwillig aus dem Berufsleben heraustreten und plötzlich eine innere Leere spüren. Bei anderen wird das ausgelöst durch Partnerverlust oder durch die Midlife-Krise, wenn ein Karrieresprung nicht mehr in Aussicht steht. Und wieder andere verspüren eine permanente Unzufriedenheit.

Wer nicht zufrieden ist, versucht vielleicht, seine Ziele und Ansprüche zu überdenken. Dabei lassen sich manche durch einen grundlegenden Irrtum kirre machen: Sie denken: »Ich bin zu alt für alles mögliche« und versäumen dabei, dieses Mögliche genau zu umreißen. »Zu alt« habe ich schon von Dreißigjährigen gehört! Ganz gleich, ob es bei den persönlichen Wünschen um neue Aktivitäten oder Partnerschaften geht. Hilfreich ist eine genaue Zielplanung und ein Abwägen der Mühen, die man dafür in Kauf nehmen muß gegenüber den Mühen, die man im

»Hier und Jetzt« hinnimmt. Manche machen ihre Ziellosigkeit an ihrem Alter fest und übersehen dabei, daß viele Schwule in höheren Semestern noch einen Neuanfang wagen. Obwohl sie nicht mehr so flexibel sind wie in jungen Jahren und trotz möglicher Schwierigkeiten. Sie legen ihre Ziele in angemessener Weise fest und starren nicht nur auf ein einziges Ziel. Die Ufa-Schauspielerin Carola Höhn erklärt ihre körperliche und geistige Altersfitness mit dem Lebensmotto: »Nie anfangen aufzuhören und nie aufhören anzufangen.« Ich füge hinzu: Und möglichst früh damit anfangen!

Ziele so genau zu beschreiben, daß niemand mehr nachfragen muß und auch ein Außenstehender versteht, worum es geht. Beispiele: Viel zu ungenau ist es zu sagen, »Ich möchte mehr unternehmen.« Ein solches Ziel sagt zugleich: »Ich möchte mich nicht festlegen.« Denn hier fehlen jedwede Angaben zum Inhalt der Unternehmungen. Wer zu Hause sitzt und sich sagt: »Eigentlich hätte ich gern mehr Geselligkeit«, aber sich keine Gedanken darüber macht, wie die aussehen soll, sitzt in der Falle der Schwammigkeit. Er ist zwar mit seiner Situation unzufrieden, aber er geht noch nicht wirklich in die Offensive. Deshalb weg mit allen Hintertürchen! Schreib genauestens auf, was du unternehmen möchtest. Stell dir mal vor, jemand sagt zu dir: »Ich hätte gern mehr.« Was würdest du ihm antworten? Ich würde fragen: »Mehr wovon?« Denn wie soll ich bewerkstelligen, etwas zu bekommen, wenn ich nicht einmal weiß, ob ich vielleicht mehr Geld, mehr Liebe oder mehr Sport möchte und ob das, was ich mir zum Ziel setze, realistisch ist. Falls nicht, habe ich wieder eine Wahl: Entweder ich bleibe unzufrieden oder ich probiere etwas anderes aus.

Alfons (47) meinte hierzu: »Ja, aber ich weiß ja auch nicht so recht, was mich glücklicher machen würde.« Daraufhin gab ich ihm ein anderes Beispiel:

R.W.: Alfons, wenn Sie an einem Ferienort ankommen und dort nichts kennen, was tun Sie dann?
Alfons: Ich gucke mich etwas um.
R.W.: Weshalb?
Alfons: Um herauszufinden, ob mir irgendwas gefallen könnte.
R.W.: Und was hindert Sie daran, das mit Ihren Freizeitaktivitäten genauso zu machen?
Alfons: Das ist eine Idee! Vielleicht sollte ich wirklich einfach mal andere Dinge, die ich noch nicht kenne, ausprobieren.
R.W.: Welche genau?
Alfons: Ich sollte mal die Angebote im Veranstaltungsplan daraufhin durchsehen, ob sie für mich geeignet sind.
R.W.: Aber es ist bequemer, zu Hause zu sitzen.
Alfons: Ja, ich weiß das. Aber auch unbefriedigend für mich.
R.W.: So unbefriedigend, daß Sie zur nächsten Woche einen Plan erstellen, was Sie wann genau ausprobieren möchten?
Alfons: Ja ich weiß ja, aber das kostet mich soviel Nerven.
R.W.: Mehr als jeden Abend zu Hause zu sitzen?
Alfons: Nein, nein. Das stimmt schon.

Weshalb das unbequeme Beharren? Weil ich keinen bequemen Weg aus der Bequemlichkeit kenne. Den aber suchte Alfons. Kurzum: *Wer sich angewöhnt hat, nichts mehr zu unternehmen, der wird sich überwinden müssen, wenn er wieder aktiv werden möchte.* Vielen Menschen hilft dabei, sich eben immer wieder die Konsequenzen ihrer Passivität vor Augen zu halten. Die meisten entscheiden sich nicht Knall auf Fall, sondern immer wieder ein Stückchen. So auch Alfons. Sein Aktionsplan reifte über mehrere Wochen. Er fragte sich dabei immer wieder: »Ist jetzt wirklich genau beschrieben, was ich ausprobieren möchte, und ist mir das der Mühe wert, oder lebe ich lieber weiter wie bisher.« Seine Entscheidung wurde bestimmter, sein Plan konkreter. Er lernte bald zu akzeptieren, daß Ziele einen Preis haben. Diesen Preis konnte er zahlen, weil er immer wieder auch mit dem Preis konfrontiert wurde, den sein Rückzug in die Passivität forderte.

Ziele müssen positiv formuliert sein! Ziele, die negativ sind, im Sinne von: »Ich möchte nicht mehr dieses oder jenes tun«, reichen nicht für ein bewußtes Abwägen des Für-und-Wider neuer Ziele aus. Alfons antwortete häufig noch auf meine Frage, was er erreichen wolle: »Ich möchte nicht mehr soviel fernsehen.«

R.W.: Wenn ich Sie frage, wie Sie heißen, sagen Sie dann: Ich heiße nicht Klaus?
Alfons: Nein, wieso?
R.W.: Weil Sie auf meine Frage, was Sie tun möchten, antworten, was Sie nicht tun möchten.
Alfons: Ja, das sagt nicht viel aus.

Die zielführende Frage ist immer: Was nun? Und nie: Was nun nicht?!

Steht das Ziel in meiner Macht? Auch diese Prüffrage erspart Frust und Resignation. Denn wer sich Ziele setzt, deren Erreichung nicht in seiner Macht liegt, verschwendet seine Energie dort, wo er nichts bewirken kann. Sie fehlt ihm dann dort, wo er etwas bewirken kann.

Dieses Energiesparprogramm führt zur Aktivität. Denn wer denkt: »Das schaffe ich sowieso nicht«, der wird kaum voller Tatendrang loslegen. Wozu auch?!

»Mein Ziel ist, einen Freund zu finden, wie ich ihn mir vorstelle.«

Und wenn du den nicht findest? Was bleibt dir dann? Besser ist es, das Ziel als Suchen zu definieren: »Ich versuche, jemanden zu finden, indem ich dieses oder jenes tue.« Das ist ein Ziel, das in meiner Macht steht. Ich kann die Wahrscheinlichkeit steigern, die Suche intensivieren. Weshalb dieser Unterschied? Weil das letztgenannte Ziel nicht zum Frust führt. Ich aktiviere mich dadurch und behalte im Auge, daß meine Möglichkeiten begrenzt sind. Dadurch erspare ich mir immer neue Enttäuschungen. Es kann außerordentlich beflügeln, etwas Unwahrscheinliches zu versuchen, solange mir noch bewußt ist, daß mein Wunsch nicht in meiner Macht steht, sehr wohl aber mein Ziel zu versuchen, meinen Wunsch einer Erfüllung näher zu bringen. Dadurch wird mein Wunsch zwar auch nicht unbedingt erfüllt, aber ich fühle mich nicht zusätzlich noch als Versager. Ich mag es angenehm finden, Millionär zu werden, und als Ziel setzen, meine diesbezüglichen Möglichkeiten auszuloten. Aber ich werde es dann nicht auf meine Kappe nehmen, wenn mir das nicht gelingt. Ich bin dann unzufrieden, aber kein aussichtsloser Versager. Ich halte mir damit offen, meine Wünsche als angenehmes Zubrot zu betrachten und nicht als un abdingbare Forderung an mich selbst. Warum sollte ich resignieren, wenn ich einen Wunsch nicht erreichen kann? Wenn ich mir aber Ziele stecke, die nicht in meiner Macht stehen, verprasse ich meine Energie, die ich zur Verwirklichung erfüllbarer Wünsche besser eingesetzt hätte.

»Mein Ziel ist, daß andere mich mögen.«

Aber kannst du die anderen dazu zwingen? Wohl nicht. Ich kann allenfalls die Wahrscheinlichkeit steigern, Freunde zu finden. Die anderen sind und bleiben eigenständige Menschen. Ohne daß ich auf sie direkten Einfluß hätte. Daran zu arbeiten, Freundschaften zu schließen, ist ein aktivierendes Ziel, während die Forderung »Die sollen mich mögen und mit mir Unternehmungen tätigen« unrealistisch ist.

Bei dem ersten Ziel werde ich mich nach einiger Zeit fragen: »Was kann ich noch tun?« Bei dem zweiten Ziel werde ich – wenn's denn schiefgeht – wiederum in die Resignation übergehen. Nochmal: *Wünsche sind keine Ziele.* Die Erfüllung von Wünschen steht oft nicht in meiner Macht. Ziele sollten, um meine Energien sparsam einzusetzen, immer in meiner Macht stehen. Wenn ich meine unrealistischen Wünsche nicht erfüllt bekomme, dann bin ich unzufrieden mit der objektiven Realität und werde Möglichkeiten suchen, mich damit abzufinden. Aber wenn ich meine selbstgesteckten Ziele nicht erreiche, dann bin ich unzufrieden mit mir selbst. Wie soll ich mich damit je abfinden? Wer viele Wünsche nicht erfüllt bekommt, der wird enttäuscht sein. Jemand, der seine ureigenen Ziele verfehlt und sich sagt: »Ich Versager hätte doch längst Erfolg haben müssen«, der wird sich selbst nicht mögen. Wer fühlt sich wohl besser? Wer Unerreichbares nicht erreicht, zieht sich den Versagerschuh nicht an. Wer aber Erreichbares nicht versucht, weil er dem Unerreichbaren nachstrebt, bringt sich um das Erlebnis, alles versucht zu haben.

Ziele ohne Zeitplan sind keine Ziele. Denn ein Ziel ohne die geringste Angabe, wann du damit beginnen möchtest, rückt in die Ferne des St. Nimmerleinstages.

Anton (38) sagte mir dazu: »Aber ich weiß doch nicht, wann ich jemanden als Freund finde.«

R.W.: Liegt das Finden in Ihrer Macht?
Anton: Nein.
R.W.: Also streichen! Was liegt in Ihrer Macht?
Anton: Jemanden stärker zu suchen.
R.W.: Einverstanden. Ihre Möglichkeiten, Menschen kennenzulernen, zu steigern ist ein realistisches Ziel.

Bei Zielen, deren Erreichung in unserer Macht steht, kann immer angegeben werden, wann wir daran arbeiten möchten. Bei Zielen außerhalb unseres Einflusses können wir das nicht.
R.W.: Wann möchten Sie damit beginnen?
Anton: Vielleicht nächste Woche.
R.W.: Ist »vielleicht« entschlossen oder unentschlossen.
Anton: Unentschlossen.
R.W.: Weil?
Anton: Ich weiß ja nicht, ob was dabei rauskommt.
R.W.: Wissen Sie denn, was dabei herauskommt?
Anton: Nein. Aber ich werde dann nicht enttäuscht.
R.W.: Worüber denn?
Anton: Daß ich niemanden kennenlerne.
R.W.: Stimmt. Ob dieser Wunsch in Erfüllung geht, wissen Sie vorher nicht. Möchten Sie Ihr Ziel, das Ihnen Mögliche zu versuchen, lieber aufgeben?
Anton: Nein. Aber die Enttäuschung meines Wunsches wäre so entsetzlich.
R.W.: Wenn Sie das Ihnen Mögliche tun, ist die Enttäuschung größer als wenn Sie alles dem Zufall überlassen?
Anton: Nein, sicher nicht. Ich mach' mir wohl was vor.

Ziel: »Ewige Jugend«

Wer sich Ziele steckt, zu deren Erreichung er nichts selbst beitragen kann, programmiert sich Frust und Niedergeschlagenheit vor. Wer als höchstes Ziel ansetzt, von allen begehrt zu werden, wird diese Gefühle massiv kennen. Wer als höchstes Ziel ewige Jugend wählt, kennt die Deprimiertheit ebenfalls. Denn niemand kann ernsthaft etwas zum Erreichen solch absoluter Ziele tun. Anders verhält es sich mit relativen Zielen. Jeder kann in jedem Alter *etwas* dazu tun, attraktiver auf bestimmte Menschen zu wirken. Wichtig ist, daß unser Ziel erreichbar ist und unsere Energie nur *dazu* verwendet wird. Mit dem Unerreichbaren können wir uns nur abfinden. Aber: Es ist ein gefährlicher Trugschluß, aus unerreichbaren Dingen zu schließen, daß *alles* unerreichbar ist. Wer solche Ansichten bei sich entdeckt, kann lernen umzudenken. Beispiele: »Meine Haare fallen aus, der Arzt sagt, das sei erblich bedingt. Meine Haut wird auch nicht mehr glatter. Ich kann nichts mehr tun, alles ist gelaufen!« Eine solche Ansicht wird zur Niedergeschlagenheit führen. Denn jemand, der seinen Körper so betrachtet und so wichtig nimmt, hat sich ein unerreichbares Ziel gesetzt.

Diese Entscheidung kann man rückgängig machen. Werfen wir einen Blick auf eine Neuentscheidung, die nicht in die Niedergeschlagenheit führt: »Meine Haare fallen aus. Ich kriege Falten. Das ist ganz natürlich. Um so sorgfältiger werde ich mich pflegen. Damit kann ich die Alterserscheinungen leider nicht rückgängig machen. Aber ich werde das Beste daraus machen und wenigstens die mir bleibenden Haare nett schneiden lassen. Ich besorge mir auch eine schöne Mütze für die kalte Jahreszeit. Ich gönne mir auch die schöne Jacke, die ich so gern haben wollte. Außerdem kann ich noch ein wenig abnehmen. Über meine Falten bin ich nicht gerade glücklich, aber ich sage mir jetzt: Gut, daß du gesund bist! Eigentlich sind die Alterserscheinungen nichts wirklich Schlimmes, obwohl sie mir nicht passen. Aber warum soll ich das so wichtig nehmen? Schließlich werde ich dadurch nicht über Nacht für alle Menschen unattraktiv. Ich werde das mir Mögliche versuchen, um meinem Alter entsprechend fit zu bleiben!« Wer also sein oberstes Ziel niedriger hängt, wird sich nicht selbst frustrieren und deprimieren.

Dazu ist es auch sinnvoll sich zu fragen, *weshalb* Jugendlichkeit das höchste Ziel und Gut sein soll. Die Partnersuche mag dann einfacher sein, obwohl viele auch das bestreiten. Aber was wäre so schlimm daran, länger zu suchen? Das wäre nicht angenehm, aber auch keine schlimme Krankheit oder ein schwerer Unfall. Denn ein Partner ist ein Partner – nicht mehr! Wir sind keinesfalls mehr wert, wenn wir begehrt sind. Es sei denn, wir selbst machen all unseren Wert einzig daran fest. Wer glaubt, nur durch den Zuspruch anderer etwas wert zu sein, wird sich fortwährend mies fühlen, wenn er diesen Zuspruch nicht immer und sofort erhält. Ist das kein guter Grund, sich nachhaltig und ausdauernd klarzumachen, daß der Wert eines Menschen unmeßbar ist und objektiv nichts mit Beliebtheit, Attraktivität und Jugendlichkeit zu tun hat? Wer lernt, sich auch als älter werdenden Menschen anzunehmen, und seine ganze Aufmerksamkeit auf die Merkmale richtet, die er beeinflussen kann, der wird sich wohlfühlen trotz manchen Verzichtes. Beispiele: »Meine witzige Art, mein Blick und mein Auftreten – das ist immer schon mein Plus gewesen. Eine besondere Schönheit war ich nie, aber darauf kam es meinen Liebhabern auch gar nicht an. Und das ist bis heute so geblieben!«

Ein anderes Beispiel für eine erfüllende Zielplanung gibt uns Georg (48): »Ich war oft in meinem Leben allein, habe mich auch selbst dazu entschlossen. Meine Expeditionen waren mir wichtiger, als in der Stadt in Schwulenbars zu hocken.

Ich wollte richtige Abenteuer erleben und meine Liebe nur dann weitergeben, wenn ich einen Menschen wirklich mochte. Mir war das egal, ob andere mich wollten oder nicht. Und genau dadurch war ich wohl begehrt. Aber bedeutet hat mir das nichts, außer bei meinen drei festen Beziehungen. Dazwischen war Sendepause. Wie heute. Aber ich werde wieder jemanden kennenlernen. Ich bin zufrieden mit meinem Leben, voll und ganz. Ich ruhe in mir selbst und weiß, was ich an mir habe. Und das merken auch andere Menschen. Hoffentlich finde ich wieder einen Lebenspartner, der mir ähnlich ist. Ich würde mich sehr freuen, aber einen Anspruch darauf hat wohl keiner.«

Wo sollte man den auch geltend machen? Ob wir unsere Ziele erreichen, ist unsicher. Sicher ist, daß wir ohne Ziele nichts erreichen. Wahrscheinlich ist, daß wir uns mit Zielen nach dem Muster: »entweder top oder flop« und: »jetzt oder nie!« Dauerfrust bescheren.

Checkliste für deine Zielplanung

1 Kein Ziel ist zu »klein« und »unbedeutend«, um nicht dein ganz persönliches Anliegen zu sein. Es gibt keine richtigen oder falschen Ziele, keine wertvollen oder weniger wertvollen. Was für dich bedeutend ist, darf für andere unbedeutend sein. Es gibt nur Ziele! Fragen wie »Was ist denn das schon?« verraten einen Maßstab, mit dem man sich die Enttäuschung vorprogrammiert. Jeder hat andere Ziele. Wenn ich Architekt bin, ist für mich vielleicht ein angemessenes Ziel, eine große Brücke zu konstruieren. Wenn ich berufsunfähig und durch einen Unfall gelähmt bin, dann ist mein Ziel vielleicht zu lernen, mich im Rollstuhl zu bewegen oder wieder zu sprechen. Dies kann für

mich sogar schwerer und wichtiger sein als das, was der Architekt macht.

2 Genauigkeit der Beschreibung. Ein klar formuliertes Ziel ist die halbe Miete. Wenn du schwammig formulierst und deine Formulierungen mal so, mal so ausgelegt werden können, hast du noch kein klares Ziel. Sag nicht: »Mehr Hobbys«, sondern: »Morgen melde ich mich bei XY zur Probestunde an.« Sag nicht: »Mehr Freude am Leben«, sondern: »Ich versuche mich durch XY zu erfreuen.« Sage immer, was du genau, wann und wie genau versuchen möchtest.

3 Steht das Erreichen deines Zieles in deiner Macht? Viele Menschen setzen sich Ziele, deren Erreichung von anderen, von der Umwelt, von Zufällen abhängt. Prüfe deshalb, ob dein Ziel durch dein eigenes Tun erreichbar ist. Beispiele: Einen Sechser im Lotto kannst du nicht bewirken. Wenn du Lotto spannend findest, kannst du selbst höchstens das Ziel erreichen: »Ich gebe mich dem Lottospiel hin.« Du kannst auch nicht allein das Ziel erreichen: »Ich finde den Partner fürs Leben.« Du kannst dir nur vornehmen, alles dir Mögliche zu tun, um ihn zu suchen. Ziele, deren Erreichung nicht wirklich in deiner eigenen Macht steht, sind hausgemachte Enttäuschungen. Ähnlich ist das bei solchem Ziel: »Mein Ziel ist mehr Anerkennung.« Das liegt nicht in deiner Macht. In deiner Macht liegt das Ziel: »Ich bemühe mich, von anderen für X anerkannt zu werden, indem ich Y tue.« Falls es dir wichtig ist, anerkannt zu werden für etwas, das du machst oder das dir eigen ist, kannst du dich darum bemühen. Aber mehr als die Bemühung liegt nicht in deiner Macht. In deinem ureigenen Einfluß liegt allerdings, dich von der Anerkennung anderer unabhängiger zu machen. So kannst du dir das Ziel vornehmen, dich nicht mehr zu bewerten, dich als Person anzuerkennen, dir bewußt zu machen, daß

du einiges erreicht hast und daß der Wert eines Menschen davon dennoch nicht abhängt. Dein Selbstbild und Selbstempfinden liegt in deiner Macht.

Kein Ziel dagegen, das in deiner Macht liegt, ist: »Ich möchte Freundschaften schließen.« Allenfalls der Versuch, Freundschaften zu gewinnen, liegt in deiner Hand. Überprüfe alle deine Ziele auf eigene Machbarkeit!

4 Ist dein Ziel mit deinen sonstigen Zielen vereinbar? Wer als oberstes Ziel setzt, abzunehmen, kann nicht zugleich das Ziel verfolgen, jeden Tag genüßlich zu schlemmen. Es gibt aber auch verstecktere Unvereinbarkeiten: »Ich möchte meine Wut herauslassen, und ich möchte mich bemühen, für andere attraktiver zu werden.« Oder: »Ich möchte mich so richtig fallen lassen und über mein Leben klagen und versuchen, von anderen mehr gemocht zu werden.« Natürlich kannst du all das versuchen, aber solche Ziele widersprechen einander sehr wahrscheinlich, da die meisten Menschen vermutlich weder auf Wutausbrüche noch auf Dauertrauer stehen.

5 Teile deine Ziele auf in langfristige, mittelfristige und kurzfristige. Für jeden Tag muß ein kleineres Ziel vorhanden sein. Nur wer sich täglich etwas Gutes tut, wird auch täglich Freude empfinden. Das kann ein Schritt hin zu einem Oberziel sein, z.B.: »Morgen gehe ich zum Schachtrainieren«, oder »Morgen gönne ich mir ein schönes Essen.« Ersteres kann sehr verschiedenen Oberzielen dienen, z.B. dem, besser Schach zu spielen oder sich einer Sache ganz zu verschreiben oder einfach nur dem Oberziel, zu tun, was mir Freude bereitet. Das schöne Essen kann ebenfalls dem Oberziel »Mehr Genuß« dienen.

7

Sexualität für alle Jahre

Wandel der Gefühle?

Ich kenne junge Leute, die irgendwo gelesen haben, daß das sexuelle Verlangen schon mit dreißig abnimmt, und sich darüber Sorgen machen. Sie mindern ihre Genußfähigkeit aufgrund sogenannter objektiver Informationen. Sie starren auf eine Statistik und reden sich ein: »Nun geht's bergab!«

Sich die Sexualität mit Prognosen zu vermiesen steht dem Ziel entgegen, die mir gegebenen Möglichkeiten auszuschöpfen. Nehmen wir den unwahrscheinlichen ungünstigsten Fall an, ab morgen versiegt meine Sexualität. Welchen Sinn hätte es dann, dem schon heute Bedeutung zu geben? Buddha sagte: »Wenn morgen die Welt untergeht, pflanze ich heute noch mein Bäumchen!« Denn ob ich morgen noch lebe, ist ungewiß. Wer seine Aufmerksamkeit nur darauf richtet, verliert die ihm sicher gegebene Gegenwart. Was morgen ist, weiß ich erst morgen.

Bei meinen Interviewpartnern konnte ich feststellen, daß die sexuelle Entwicklung äußerst unterschiedlich verläuft. Manche meinen, ihr sexuelles Erleben sei schon mit dreißig weniger geworden, andere erlebten ein Nachlassen noch nicht mit sechzig. Zudem bedeuten weniger Orgasmen und Erektionen nicht, weniger sexuell zu erleben oder zu empfinden. Einige sagten, sie hätten ihre Empfindungen verändert, ohne daß sie deshalb weniger schön oder intensiv seien.

Robert (50) meinte, daß er noch keinerlei Abbruch seiner Sexualität feststellen konnte. »Ich kann an guten Tagen auch heute noch dreimal.« Andere dagegen konnten auch in jüngeren Jahren nicht so oft an einem Tag. Vielleicht sind auch die Intensitäten der Orgasmen und das Erleben vor dem Orgasmus bei allen Menschen verschieden. Ebenso unterschiedlich sind die Einschätzungen der Möglichkeiten, Partner zu finden. Robert meinte, daß gerade viele Jüngere den älteren Partner zu schätzen wüßten: »Mit Fünfzig weiß man, was man will, und durchläuft nicht mehr so viele Krisen. Man ist sicherer, und das merken die Leute und nehmen sich das als Beispiel. Wer sich ständig selbst bemitleidet und meckert, wird aber auch nicht attraktiv wirken.«

Wir können also überhaupt nicht wissen, wie sich unsere Sexualität entwickelt und vor allem, was wir dann daraus machen werden. Denn ein Einzelner ist für die Statistik nicht maßgebend. Ohnehin liefert uns die Statistik nur Durchschnittswerte. Dabei ist erstens unnachweisbar, ob wir zum Durchschnitt zählen werden, und zweitens sind Durchschnittswerte sehr häufig reine Rechenprodukte, die es in der Wirklichkeit gar nicht gibt. Ein einfaches Gedankenexperiment verdeutlicht dies: Wenn man zwei Menschen fragt, wieviel Orgasmen sie pro Monat haben, dann ist denkbar, daß einer neunundzwanzig antwortet und ein anderer sagt, er erlebe einen pro Monat. Macht zusammen Dreißig. Errechnet man daraus den Durchschnitt, hat jeder fünfzehn Orgasmen pro Monat. Beide Befragte könnten sich nun fragen, ob sie »unnormal« sind, weil der eine fast jeden Tag einen Orgasmus und der andere einen Orgasmus im Monat erlebt. Und genau das tun viele, die sich von Statistiken beeindrucken lassen. Sie schielen auf einen Durchschnitt, zu dem vielleicht niemand wirklich gehört.

Mit dem Satz »es geht bergab« wird verallgemeinert, indem von einem einzigen Bedürfnis auf die Befriedigung aller Bedürfnisse geschlossen wird. Ich vermute, daß jemand, der so formuliert, tatsächlich *glaubt,* daß er in seiner ganzen Person durch eine Minderung seiner Sexualität eingeschränkt sein wird. Das hätte aber zur Voraussetzung, daß ihm Sexualität immer das Wichtigste ist, den ganzen Tag! Sonst nämlich geht »es« keineswegs bergab: Man kann an allem Freude haben, an dem man bisher Freude hatte, wenn einem bewußt wird, wie wenig Raum die für so überwichtig befundene Sexualität wirklich einnimmt. Warum geben Menschen ihr diese Bedeutung? Ich vermute, weil sie irgendwann gelernt haben, daß Sex das Wichtigste für den Mann ist und immer bleiben muß. Gut, daß mann umlernen kann.

Die neuere Forschung zeigt übrigens, daß das Interesse am Sex im Alter nicht abnehmen muß. Auch wenn die sexuelle Potenz zurückgeht, bedeutet das nicht notwendigerweise den Verlust an sexuellem Erleben. Ältere Menschen berichten sogar, daß sie den Sex mehr genießen als in jungen Jahren. Sie nehmen sich mehr Zeit und sind offener für die sexuelle Kommunikation. Manche Forscher sagen auch, daß die Erektion im gehobenen Alter zwar seltener, aber dafür länger wird. Sexuelles Erleben scheint den Menschen also in der einen oder anderen Form ein Leben lang begleiten zu können. Es kommt drauf an, was man draus macht.

Für den selteneren Fall eines Verschwindens des sexuellen Interesses mache dir klar, daß verschwundene Interessen nicht dasselbe sind wie unbefriedigte Bedürfnisse. Wenn jemand weniger Interesse an Sex entwickelt, dann erlebt er das nicht als Verlust von Befriedigung, denn was sollte befriedigt werden, wenn das Interesse erloschen ist? Ein einfaches Gedankenexperiment kann hier helfen: Denke einmal zurück an die Zeit, in der du noch keinen Sex hattest! Warst du da ständig unglücklich, oder waren deine Glückserlebnisse einfach andere? Die meisten können sich erinnern, was für sie als Kind besondere Glücksmomente waren. Und sie haben als Kinder nicht unbedingt unglücklicher gelebt als im Erwachsenenalter. Unsere Interessen sind eben wandelbar – vor und zurück.

Bei vielen werden sexuelle Bedürfnisse mit zunehmendem Alter geringer oder wandeln sich. Es ist also keineswegs zwingend so, daß ich morgen noch die gleichen Wünsche habe wie heute. Morgen kann ich meine Erwartung völlig verändert haben. Beispiel: Wenn ich Hunger habe, wird mich der Gedanke, daß es heute nichts mehr zu essen gibt, nicht eben gefallen. Aber was, wenn mein Hungergefühl verschwände oder gestillt wäre? Dann würde ich gar nicht mehr wünschen, etwas zu mir zu nehmen. Und wenn es denn einen Rückgang des sexuellen Verlangens geben soll, weshalb sollte ich das bedauern? Allenfalls aus der Sicht des Verlangenden ist weniger Sexualität ein Manko. Aber wenn ich nicht mehr verlange, was soll mich dann noch stören? Wenn ich keinen Hunger habe, ärgere ich mich schließlich auch nicht, daß ich nichts esse.

Auch wenn z.B. aufgrund gesundheitlicher Probleme die Potenz eines Partners nachläßt, so bedeutet das nicht das Ende seines Sexuallebens. Viele Paare sind kreativ dabei, solche Schwierigkeiten auszugleichen. Wenn die Chemie ansonsten zwischen beiden stimmt, gibt es viele Möglichkeiten, einen erigierten Schwanz zu simulieren – durch einen Dildo zum Beispiel. Wichtig ist, daß beide drüber sprechen und bereit sind, eine Lösung zu finden. Hans (42): »Mein Freund hat eine Erektionsschwäche, und der Arzt sagt, daß das bei ihm auch nur durch Implantate behandelt werden kann, weil seine Venen defekt sind. Eine solche Operation brauchen wir aber nicht. Ich stehe zwar extrem darauf, aktiv genommen zu werden, aber wir machen das mit Hilfsmitteln. Weißt du, ich würde doch meinen Freund deswegen nicht verlassen. Wer weiß denn, welche

Probleme ich mit dem nächsten Partner hätte? Und so, wie wir das machen, ist es total schön für mich.«
Ich fasse zusammen:

- Eine Prognose über unser zukünftiges Sexualleben ist unmöglich. Du weißt nicht, ob deine Sexualität wesentliche Einbußen erfahren wird.

- Selbst wenn dein zukünftiges Sexualleben nach deiner heutigen Auffassung unangenehm für dich wäre, brauchst du dadurch deinen heutigen Genuß nicht beeinträchtigen zu lassen.
- Wenn eines deiner Bedürfnisse nicht befriedigt wird, so heißt das nicht, daß alle deine Bedürfnisse unbefriedigt bleiben.

- Von deinen heutigen Bedürfnissen nach Sex kannst duz icht auf dein Verlangen von Morgen schließen.

- Sexualität macht weder im Positiven noch im Negativen das Wohlbefinden in einer Beziehung aus.

Schließlich möchte ich darauf hinweisen, daß sexuelle Schwierigkeiten oft behandelt werden können und nicht unausweichliches Altersschicksal sein müssen. Allerdings kann ein Abnehmen der Potenz auch im Rahmen der biologischen Schwankungsbreite liegen. Allgemeingültige Tips zur Eigendiagnose finde ich nicht sinnvoll. Eine fachmännische Abklärung nimmt für den körperlichen Bereich der Urologe, für den psychischen ein Psychologe vor. Wenn ein Arzt dir eine chemische oder gefäßchirurgische Behandlung vorschlägt, kannst du diese im Zweifelsfall noch einmal mit einem medizinischen Berater in den Schwulenzentren oder einem Arzt deines besonderen

Vertrauens besprechen. Der kritische Patient wird Eingriffe in seinen Körper auf Vor- und Nachteile sowie auf Risiken hin abklopfen. Wenn dein Arzt dafür keine Zeit hat, suche dir einen anderen.

Sex im Alter, wo und wie?

Wieso glauben manche Schwule, daß sie im Alter allenfalls noch Sex mit Strichern genießen werden und daß sie ständig vermissen werden, was ihnen heute gegeben ist?

– Vielleicht, weil sie denken, ihr Schönheitsideal bliebe immer so, wie es heute ist.

– Weil sie meinen, ihr »Ideal« spiele allzeit die wesent liche Rolle bei der Sexualität.

–Weil sie meinen, daß Sexualität für sie stets eine tragende Rolle spielt und spielen wird.

Alle drei Annahmen können falsch sein!

Hast du heute noch das gleiche Ideal wie vor zwanzig, dreißig Jahren? Falls nicht: Warum sollten sich denn künftig deine sexuellen Interessen nicht mehr verändern? Du wirst in vielerlei Hinsicht deine Interessen und Prioritäten verändern. Warum sollte ausgerechnet dein sexuelles Empfinden stagnieren?

Was du heute als besonders attraktiv empfindest, läßt dich vielleicht morgen kalt. Viele Menschen ändern ihr Empfinden mit den Jahren. Wenn wir ein gutes Verhältnis zu uns selbst bewahren, werden wir auch andere attraktiv finden können, die uns ähnlich sind. Einem sehr jungen Schwulen mögen die körperlichen Merkmale eines weitaus älteren mitunter unattraktiv vorkommen. Aber wenn wir schrittweise altern, dann gewinnen die Altersmale an Selbstverständlichkeit. Sie gehören mit der Zeit dazu – es sei denn, wir lehnen uns selbst ab. Ich glaube definitiv nicht, daß wir unser Leben lang dazu verurteilt sind, die Jugend anzubeten. Wieviel Spielraum wir entwickeln, hängt sehr maßgeblich von unserer Bereitschaft ab, uns selbst attraktiv und begehrenswert zu finden. Wer an seiner Selbstablehnung arbeitet, kann sich völlig neue Attraktivitäten erschließen.

Das Schönheitsideal ist ohnehin nur ein Kriterium bei der Sexualität. Man muß sein sexuelles Erleben keineswegs völlig davon abhängig machen. Schließlich haben die meisten Menschen in jedem Alter ihre »Guckschätze«, also Menschen, die sie sexuell attraktiv finden, ohne aber mit ihnen Sex praktizieren zu wollen. Zum Beispiel, weil sie sich anderweitig entschieden haben, oder weil sie die Sexualität in der Phantasie mit solchen Schönlingen ausreichend oder sogar besser finden als in der Realität.

Wer Partnerschaften gewohnt ist, weiß, daß er sich irgendwann entschieden hat, mit einem bestimmten Partner etwas aufzubauen, *obwohl* er auch noch andere Männer attraktiv findet. Und bekanntlich gibt es den Partner mit ausschließlich begehrten Eigenschaften nicht. Wer so jemanden sucht und seine Sexualität davon abhängig macht, wird nie längerfristig zufrieden sein. Weshalb nun sollten wir im Alter nicht auch unsere Guckschätze behalten und dennoch sexuell zufrieden mit jemandem leben, der nicht alle Merkmale trägt, die wir gern an ihm sehen würden?

Sexualität kann mehr beinhalten als das Äußere. So machen sich denn auch viele Menschen zu eigen, das sexuelle Erleben mit jemandem zu teilen, der ihnen menschlich und geistig näher steht als ein Coverboy, mit dem sie nichts teilen. Die Sexualität des Menschen ist eben vielgestaltig und variabel.

Wer es aber nicht gewohnt ist, seine Spielräume auszuloten und meint, nur durch einen bestimmten Typus sexuell angeregt zu werden, der wird längere Zeit an sich arbeiten müssen, um seine Zielgruppe zu verändern. Wenn jemand zusätzlich sein Wertgefühl daran knüpft, dann wird er sich häufig mies fühlen und erst einmal Selbstwertgefühl aufbauen müssen, um auch sexuelle Freuden zu erleben.

Menschen, die über Sexualität alles andere vergessen, übersehen zumeist die Phasen in ihrem Leben, in denen sie weniger Lust auf Sex verspürten. Die meisten Menschen haben zumindest nach einem Orgasmus erst einmal wenig Lust auf Sex. Sieh dir diesen Zeitraum einmal genau an: Ist dein Leben auch nach einem Orgasmus noch lebenswert für dich? Und: Wieviel Prozent deines Lebens verbringst du mit Sexualität und Orgasmus? Verblüfft wird vielen mit diesen Fragen deutlich, daß sie der Sexualität eine größere Rolle zumessen, als sie wirklich in ihrem Leben hat. Und wenn jemand tatsächlich vom Sex allein lebt, kann er sich neue Schwerpunkte setzen. Oft verbinden wir mit dem Sexualkontakt mehr an Bedeutung, als uns bewußt ist. Man sucht zum Beispiel Bestätigung, weil man sich selbst nicht ausreichend bestätigt. Das wiederum kann man allein oder mit Hilfe eines Therapeuten lernen. Willst du daran arbeiten oder dich ärgern und traurig sein bis zum St. Nimmerleinstag? Man kann Sexualität auf den höchsten Sockel heben, den man zur Verfügung hat, aber man muß das nicht. Man kann Sexualität auch all dieser Riesenbedeutungen entkleiden und sie als eine angenehme und nicht dauernd wichtige Empfindung sehen. Wie lernt man das? Belauschen wir dazu wieder ein kleines Gespräch.

Hubert: Ich denke manchmal, jetzt bin ich nicht mehr so be-

weglich und verzichte auf das, was mir das Wichtigste im Leben ist, auf Sex.
R.W.: Worauf genau verzichten Sie?
Hubert: Na ja, ich finde halt lange keine Partner mehr.
R.W.: Sie verzichten also ausschließlich auf Partnersex, und auch das nicht vollständig.
Hubert: Das ist richtig. Alles fehlt mir nicht, wenn ich's mir überlege. Vielleicht sollte ich mir das öfter auch sagen. Aber ich denke einfach, so ganz ohne werd' ich nicht glücklich.
R.W.: Ganz ohne was?
Hubert: Ohne jemanden, der mit mir ins Bett geht.
R.W.: Denken Sie mal an Ihre sexuell aktivsten Zeiten! Wie oft sind Sie da mit Partnern ins Bett gegangen?
Hubert: So oft war das gar nicht, nicht, daß ein falscher Eindruck entsteht! Ein paarmal die Woche.
R.W.: Wieviele Stunden waren Sie also mit Sex beschäftigt?
Hubert: Vielleicht vier.
R.W.: Und wieviele Stunden hat Ihre Woche?
Hubert: Also, ..., tja...
R.W.: Ich helfe Ihnen: etwa hundert Wachstunden.
Hubert: Das heißt also, nur vier Prozent, die ich tatsächlich mit Sex verbracht habe.
R.W.: Und wegen dieser paar Prozente fühlen Sie sich nun 100 Stunden die Woche schlecht.
Hubert: So hab' ich's noch nie betrachtet.
R.W.: Woher mag das kommen?
Hubert: Na wohl, weil ich diesen paar Stunden eine größere Bedeutung gebe als dem Rest der Woche.
R.W.: Wollen Sie das weiterhin so machen, oder möchten Sie das ändern?
Hubert: Ja, wie denn bloß?
R.W.: Stellen Sie sich einmal einen Kunstsammler vor, der 100 Gemälde besitzt. Nun werden ihm bei einem Einbruch vier da-

von gestohlen. Seine vier liebsten. Wird er all die anderen schönen Werke nun nicht mehr attraktiv finden?
Hubert: Doch! Er wird dann von den restlichen wieder Lieblingsgemälde haben.
R.W.: Und Sie?
Hubert: Ja, das ist ein kritischer Punkt bei mir. Ich klage, obwohl ich noch vieles Schöne habe. Darüber werde ich lange nachdenken.
R.W.: Was fangen Sie mit dieser Erkenntnis schon jetzt an?
Hubert: Da gerät was ins Wanken. Ich merke, daß ich, aus weiß der Kuckuck für Gründen, mich hereinreite in überzogene Ansprüche. Wenn ich ehrlich bin, sehe ich, daß ich vorher gar nicht glücklicher war.

Der Stein war damit ins Rollen gekommen. Hubert begann nun die wahren Gründe für sein Unwohlsein zu erforschen. Er akzeptierte letztlich, daß er schwerer Partner findet, ohne aber dieser kaum ausweichlichen Tatsache weiterhin eine solche Bedeutung zu geben. Und eben dazu dienen als erster Schritt solche plastischen Beispiele. Man muß eben seine irrealen Gedanken erst einmal deutlich sehen, bevor man sie ändern kann. Der weitere Fortschritt hängt davon ab, ob man sich in jeder Situation auch dieser Umkehr zuwendet und ob man sich wirklich entschieden hat, das alte Spiel durch ein anderes zu ersetzen. Manche leidvollen Auffassungen haben eben so starke Vorteile, daß man sie nicht aufgeben will. Auch diese Vorteile müssen einem daher erst bewußt werden. Wie soll man sich sonst dagegen entscheiden?

Wer von vornherein alles aussichtslos findet und aufgibt, genießt den Vorteil, nicht mehr enttäuscht werden zu können. Wer mit Enttäuschungen Katastrophen verbindet, muß also vorher lernen, daß Enttäuschungen zu verkraften sind und keineswegs katastrophale Folgen haben. Huberts Niedergeschlagenheit rührte von seinem deprimierenden Denken her und nicht von dem Umstand, daß man im Alter schwerer Partner findet. Das mag für jemanden unangenehm sein. Es ist jedoch kein zwingender Grund dafür, sich den ganzen Tag schlecht zu fühlen. Hubert ist klargeworden, daß er sein Leben selbst gestalten kann und sich nicht deprimiert fühlen muß, wenn er etwas, was er sich wünscht, nicht bekommt.

Zwischen Enttäuschung und Niedergeschlagenheit können Welten liegen. Und die kann jeder erobern, der beginnt, das zu genießen, was er bekommen kann, statt nur das zu beklagen, was er nicht bekommt. Grundlegend dabei ist, an seinem Selbstwertgefühl zu arbeiten und realen Verzichten wieder Gewinne entgegenzustellen. Die Männer in diesem Buch zeigen uns eine Fülle von Wegen, trotz mancher Verluste Freude zu erleben. Und zwar mehr als vier Stunden die Woche!

Gesundheit ist altersunabhängig

Den meisten ist wohl bekannt, daß das HI-Virus bei schwulen Sexualkontakten hauptsächlich durch Analverkehr ohne Kondom bzw. durch das Abspritzen in den Mund übertragen werden kann. Bei den selteneren Techniken wie dem Fisting kann man sich durch Handschuhe wirksam schützen, und bei blutenden Praktiken kann eine Infektion nur durch eine größere Menge infizierten Blutes oder Spermas, das dem Partner direkt in den Blutkreislauf gedrückt wird, ausgelöst werden – ein eher theoretisches Risiko. Das Restrisiko bei anderen sexuellen Praktiken gilt als äußerst gering. Mehr als hundert Mal leichter aber kann man sich mit Hepatitis B anstecken – einer gefährlichen Leberentzündung, die tödlich verlaufen kann und dich in jedem Fall stark beeinträchtigt. Dagegen hilft eine Impfung. Impfungen sind auch bei anderen Formen der Hepatitis möglich. Wer sexuell aktiv ist, tut gut daran, einen Arzt zu konsultieren, um Impfungen zu besprechen. Nicht nur im höheren Alter können solche Infektionen gefährlich werden. Bei schon geschwächtem Organismus aber ist der Schutz auch vor den weniger gefährlichen Varianten der Hepatitis sehr wichtig. Auch eine Hepatits A, die zumeist völlig ausheilt, ist belastend. Hepatitis B ist für alle gefährlich. Da in den letzten Jahren eine Zunahme bei den Gesundheitsämtern registriert wurde, sollte sich jeder sexuell Aktive impfen lassen.

Gekaufter und halbgekaufter Sex

Sexuelle Interessen, die auf einen Partner gerichtet sind, der aus eigener sexueller Motivation heraus für unsere Altersgruppe schwer erreichbar ist, stehen bei manchen in Verruf. Einerseits wird von Gefahren gemunkelt, als Alter ausgeplündert zu werden, andererseits entspricht diese Art der sexuellen Begegnung nicht den verbreiteten Vorstellungen »wirklicher« Liebe. Allerdings machen sich weniger Leute dieselben Gedanken, wenn es um Pornos geht. Schließlich treten auch die Darsteller solcher Streifen und Bilder gegen Bares vor die Linse. Und dabei müssen sie oft genug mit Partnern verkehren, die sie außerhalb ihres Geschäfts nicht gerade antörnen. Außerdem: Auch Masseure arbeiten gegen Geld und haben dennoch Spaß am Kontakt zu ihren Kunden, auch körperlichen. Wo soll man da die Grenze ziehen, was freiwillig ist und was Dienstleistung? Manche Bedenken gegenüber gekauftem Sex haben dennoch einen realen Kern: Weder Pornodarsteller noch Stricher lieben ihre Kunden. Liebe ist nicht käuflich. Aber eben Sex. Und manche praktizieren eine gekonnte Teilung: Einerseits haben sie einen

Partner, mit dem sie aber das Bett nicht zum Sex teilen. Andererseits haben sie käufliche Jungs oder ein Arsenal von Pornos. Sex gegen Geld hat viele Facetten. Sicher gibt es Stricher oder Callboys, die einzig aus der Not heraus arbeiten. Andere wiederum berichten davon, daß sie diesen Job trotz diverser anderer Möglichkeiten gewählt hätten. Insofern muß das Klischee eines lustlos herumfidelnden Outlaws nicht zutreffen. Willy (41): »Ich habe einfach beruflich wenig Zeit, und Beziehungen sind mir zu kompliziert. Es gibt gute Callboys, die ich mir bestelle, und ich finde die Abende manchmal sehr schön. Das ist schon mehr als manche denken. Die sind oft wirklich liebenswert und total bemüht und freuen sich auch, wenn ich zufrieden bin. Ich finde das schon gut, daß es das gibt. Man sollte das enttabuisieren.«

Und schließlich gibt es noch sexuelle Beziehungen, die auf einer großen Ähnlichkeit mit freiwilliger Liebe beruhen, aber ohne Geld dennoch nicht zustande kämen. Trotzdem ist der Gehalt solcher Beziehungen des »solventen Herrn« zu »jungem Reisebegleiter« oft mehr als Broterwerb für den einen und Leasingrate für den anderen. Ein gemeinsames Leben wird dabei aufgebaut, sei es nur für einige Monate, sei es für viele Jahre. Der Ältere (»Ich sorge für dich«) spendiert dabei Logie und Taschengeld – ähnlich dem Ehemann, der seine Frau aushält. Der Junge setzt Körper und Geist ein, ihm Genüge zu tun. Einige der »niveauvollen Begleiter und Gesprächspartner« genießen die Beziehung ohnehin und sehen in der Knete die Verbindung des Angenehmen mit dem Nützlichen. Andere stellen sich hauptsächlich wegen der »großzügigen Unterstützung« zur Verfügung. Jeder muß selbst herausfinden, woran er ist.

Es gibt auch halb prostituierte Beziehungen, die kaum noch als solche zu erkennen sind: Der Ältere verschafft dem Jungen einen Job in seiner Firma oder setzt sein Vitamin B für ihn ein. Außerdem zahlt er vielleicht die aufwendigen Reisen oder die

Miete oder noch mehr. Der Jüngere sieht sich nicht als Stricher, der Ältere nicht als Freier. Man hat beschlossen, sich zum Vorteil beider etwas vorzumachen. Warum greife ich diese schöne Idylle mit solchen Worten an? Du ziehst als Älterer dabei manchmal den kürzeren, wenn der Jüngere auf eigenen Beinen steht. Und du bist besser darauf vorbereitet, wenn du deine Beziehung richtig einschätzt. Das allerdings kannst nur du selbst besorgen, denn niemand weiß wirklich, wie du und dein junger Freund leben und fühlen.

Tips für kommerziellen Sex

Einige Hinweise zum Strich: Im Gegensatz zur heterosexuellen Prostitution scheint es bei der schwulen keine Zuhälter zu geben. Es gibt allerdings Clubbesitzer, die eine Gebühr kassieren. Die Stricher, mit denen ich gesprochen habe, haben sich positiv darüber geäußert. Der Clubbesitzer hatte für sie ein Sparbuch angelegt, damit sie noch etwas haben, wenn sie einmal nicht mehr arbeiten können oder wollen. Das Gewerbe schien mir eher umsorgend als ausnehmend, aber ich habe eben auch nur einige Stricher befragt. Sie können in der Regel sicher sein, daß sie in einem Club, der im Gay-Guide steht, nicht ausgenommen werden. Die Preise werden ausgehandelt oder angegeben, und darüber hinaus ist kein Unheil zu erwarten. Völlig anders kann das auf dem wilden Strich an Bahnhöfen und Rotlichtgassen sein. Also Vorsicht! Wer auf Nummer Sicher gehen möchte, ist im Club besser bedient. Es ist übrigens ein Irrtum, daß Stricher immer Jungs aus dem Heimkindmilieu sind. Auch der männliche Prostituierte erbringt eine Dienstleistung, zu der man sehr unterschiedliche Beziehungen und Motive haben kann. Manche sagen: »Lieber einem Alten einen runterholen, als mich in der Werkstatt zusammenscheißen zu lassen.« Andere finden sogar gefallen daran, auch wenn sie privat nicht unbedingt auf Ältere stehen. Wieder andere stehen auf sie und haben damit wieder Geldverdienen und Vorliebe verbunden. Das Zerrbild vom drogensüchtigen Stricher, der keine andere Wahl hat, verzerrt die vielfältige Wirklichkeit.

- Eine Stricherszene findet sich zumeist an Bahnhöfen. Sexuelle Dienstleistungen werden auf dem Klo oder im Stundenhotel geleistet. Die Stricherszene kann so einige Unsicherheiten bergen. Also besser nicht allzu viel Geld und keine teuren sonstigen Dinge mitnehmen.

- Sehr viel sicherer ist die Clubszene. Die einschlägigen Clubs stehen in schwulen Stadtführern. In Kneipen mit dem Zusatz »P« für Prostitution wird auch auf dem WC bedient. Die richtigen Clubs verfügen über Zimmer, die stundenweise gemietet werden können. Hier kann der Gast sicher sein, daß er nicht überfallen oder bestohlen wird. Allerdings sind die Preise auch höher. Die Boys sind vom Clubbesitzer ausgewählt und unterliegen soweit eben möglich einer Kontrolle. Sie sind entsprechend integer. Ansonsten würden sie vom Inhaber sicher hinausgeworfen, da der ja mit seinem Namen für die Korrektheit bürgt.

- Auch über Kleinanzeigen können Callboys gefunden werden. Korrekt sind mit großer Wahrscheinlichkeit alle, die ihre Telefonnummer angeben. Bei anderen ist Vorsicht geboten. Zwar muß auch hierbei nichts passieren. Aber es gibt Berichte von Hausbesuchen, die im Raub endeten. Deshalb: Ins Haus am besten nur Boys bestellen, deren Telefonnummer (oder Adresse) bekannt ist.

Es liegt mir ganz fern zu denken, daß Stricher sich in irgendeiner Weise von anderen Menschen unterscheiden. Aber hier geht es eben um diese Branche, und jede Branche hat eben ihre schwarzen Schafe. Auch wenn es wahrscheinlicher ist, von einem schwarzen Schaf des Schlüsselnotdienstes ausgenommen zu werden, wird doch häufig nach dem »sicheren Weg« gefragt. Und nennen wir auch einmal die andere Seite: Stricher werden manchmal auch von Freiern gelinkt und um ihr Geld betrogen! Übrigens sind die allermeisten Erfahrungen, die mir vom kommerziellen Sex berichtet wurden, sehr positiv. Ich habe selten so viel Lob über eine Branche gehört wie über diese!

Norbert (49): »Lust fast ohne Frust!«

Ich werde jetzt fünfzig und merke noch immer nichts vom großen Knall, der da kommen soll und der einen plötzlich zum einsamen Lüstling werden läßt. Ich ziehe los wie immer und habe Lover wie immer. Nicht mehr und nicht weniger als vor zwanzig Jahren. Also ich bin kein Vielfraß, aber ich bin auch nicht gerade lustfeindlich. An meiner Sexualität hat sich bisher nichts geändert. Ich bin jetzt aber eher mit Jüngeren zusammen, weil ich Leute meinen Alters weniger treffe in der Szene. Aus irgendwelchen Gründen sind mir Beziehungen noch nie so gut gelungen - leider, find' ich. Und das wird nicht gerade leichter jetzt. Aber das ist ein Dauerproblem bei mir und hat nichts mit dem Alter zu tun. Obwohl ich immer dachte, irgendwann muß doch der Ofen aus sein. Aber das ist noch nicht eingetreten. Vielleicht ist das wirklich unterschiedlich. Ich gehe ziemlich optimistisch aus dem Haus und kehre ebenso zurück. Ich stehe mir auch nicht die Beine in den Bauch, wenn sich nichts ergibt. Ich war neulich mit einem Ex-Lover wieder zusammen, und der meinte, ich werde mit zunehmendem Alter schöner. Na ja, wenn man drauf steht, ist das eben so. Ich kann jedenfalls nicht sagen, daß ich zu alt bin. Ich will das auskosten, was ich habe. Wie lange, weiß ich nicht. Manchmal denke ich, wenn ich Leute klagen höre, entweder spinnen die oder ich. Sicher, ich kenn' auch Einsamkeit und Frust. Aber früher als nötig will ich nichts aus der Hand geben. Ich weiß, ich hab' noch einiges vor mir. Ich glaube, das Bild vom Altern ändert sich auch. Vielleicht haben wir das zu weit getrieben mit dem Jugendkult. Inzwischen sucht die Modebranche doch schon ältere Models, weil die immer vergessen wurden. Plötzlich ist man wieder interessant mit vierzig oder fünfzig, früher dachte man, das sind werdende Opis. Es wird Zeit, daß die Älteren ihr Recht auf Sex und Anerkennung öffentlich fordern! Und zwar so sexy wie möglich. Radlerhosen braucht's dazu nicht unbedingt.

8

Frühlingsgefühle im Herbst

schwules Leben später

Wer glaubt, pensionierte Schwule sitzen tagsüber neben ihrem Kanarienvogel und drehen Däumchen, täuscht sich mächtig! Mit vielen meiner Gesprächspartner konnte ich nicht einmal einen Interviewtermin finden – sie waren einfach ständig unterwegs und beschäftigt. Dabei unterscheiden sich ihre Alltagsprogramme grundlegend voneinander. Ich habe nicht nur mit »Aktivisten« gesprochen, die in Vereinen mitmachen, sondern auch mit den eher unauffällig und versteckt lebenden »Sofa-Schwulen« das Gespräch gesucht, die ebenso selten über Langeweile klagten.

Heinrich (52): »Ich bin noch absolut fit, und ich kann Ihnen nur sagen, mein Tag beginnt früh morgens. Ich zahle weniger Miete und kümmere mich ein wenig um Haus und Garten dafür. Das sind so ein bis drei Stunden am morgen. Dann habe ich Briefkontakte in alle Welt – Freunde, Bekannte und Geliebte, mit denen ich mich heute noch gut verstehe. Ich spreche nur über die Tage, die ich zu Hause bin, und das sind auch immer weniger geworden! Denn ich besuche gerne Freunde und verbringe die Winter auf einer warmen Insel, mal Mallorca, mal Gran Canaria. Und dort lerne ich Leute kennen, die ich wiederum besuchen fahre. Und an Sex mangelt es mir nicht!«

Als ich Heinrich fragte, wie er den Rest des Tages verbringt, wenn er nicht verreist ist, antwortete er: »Ich nehme mir manchmal die Zeit zum Kochen. Manchmal auch zusammen mit Frau Timmermann, die im gleichen Haus wohnt. Für uns ist das ein Riesenspaß. Sie hat ihren Mann verloren und war vor einigen Jahren hinter mir her. Aber sie weiß jetzt, daß da nichts laufen wird.«

Spätestens nach dem Mittagessen stürzt sich Heinrich in Schale und macht seine täglichen Rundgänge. Meistens ist er dann schon fest verabredet, zum Schach, zum Klönen, zum Spazierengehen. Oder er setzt sich in die Fußgängerzone: »Da hab' ich schon Mal einen ziemlich jungen Menschen kennengelernt, mit dem ich dann eine heimliche Beziehung führte. Denn der hatte noch eine Freundin. Das ging über zwei Jahre so. Aber natürlich knüpfe ich auch normale Kontakte. Wenn ich wieder zu Hause bin, ist es schon nach fünf, und dann muß ich mich auf den Abend vorbereiten.« Der nicht minder ausgefüllt ist mit Aktivitäten: Kino, Musikabende, Theater, Vorträge. »In rein schwule Kneipen gehe ich selten, lieber in ›normale‹, da lern' ich auch Leute kennen. Es stimmt einfach nicht, daß jüngere Männer nicht auch einen älteren Mann interessant finden können. Es muß auch nicht immer um Sex gehen. Aber manchmal schon. Ich schreibe auch viele Kontaktanzeigen und antworte auf welche. Also ich habe kaum einen Abend frei. Wann hab' ich früher bloß Zeit gehabt, um arbeiten zu gehen?«

Joseph (67): »Ich hab' früher auch mal geglaubt, nach der Pensionierung ist alles öde und langweilig. Ich bin ausgebucht mit Fahrten und Feiern und vielen, vielen Treffen mit Freunden. Und Stunden voller Entspannung. Ja, wenn ich so darüber nachdenke, das ist genau das, was mir früher immer gefehlt hat.

Ich hab' jetzt alles. Natürlich ist nicht alles schön am Älterwerden, ich hätte auch noch gern einen Nachschlag vom Leben. Aber ich lebe ja vielleicht auch noch Jahrzehnte. Und ich freu' mich darauf.«

Die fidelen älteren Schwulen leben in einer Welt voller Aktivitäten. Zu ihrem ausgefüllten Leben gehören die Einstellungen:

»Ich habe noch viele Möglichkeiten und in mancher Hinsicht sogar mehr als ein junger Mensch.«

»Ich bin es wert, es mir gutgehen zu lassen und Freunde zu haben.«

»Ich kann noch viele Ziele verwirklichen.«

»Ich kann vieles, was mir fehlt, durch andere Dinge ausgleichen.«

»Ich brauche die Jugendlichkeit nicht, auch wenn ich sie gerne hätte.«

Das, was wir aus unserem Alter machen, hängt weitgehend von unserer Einstellung ab. Wer denkt: »Ich versuche besser gar nichts mehr« und »Ich bin sowieso nicht liebenswert«, der wird von vornherein aufgeben und irgendwann bestätigt finden, was er sich selbst prophezeit hat: Daß er out ist. *Wer out denkt, wird es auch werden!*

Wie wenig alltäglich der schwule Herbst sein kann, zeigt uns Erich, der erst mit Ende sechzig überhaupt begann, sich »umzuorientieren«. Heute erzählt der Fünfundsiebzigjährige freudestrahlend, daß er einen Freund über Kontaktanzeigen gefunden hat. Der suchte einen »solventen Liebhaber«. Erich ist nicht klar, ob das nun kommerziell ist oder nicht: »Ich glaube, daßt auch Gefühle eine Rolle spielen.« Sein jüngerer Lover bekommt zwar die eine oder andere Großzügigkeit erwiesen, doch es scheint, als gehöre das für ihn zu Liebe und Erotik. »Warum auch nicht, leben doch Ehefrauen in der Regel auch auf des Mannes Kosten«, sagt Erich. Erichs Frau weiß von seinem Verhältnis nichts, »sie vermißt aber auch nichts.« Schließlich unternimmt sie an manchen Wochenden ihre Bergwandertouren, zu der Erich noch nie Lust hatte.

Während sie regelmäßig kraxelte, eroberte Erich im Herbst seines Lebens ganz andere Höhepunkte: »Der Reiz war ja schon immer da bei mir. Aber ich war ja verheiratet. Und dann bin ich durch Zufall, als sie mal wieder mit ihrer Wandergruppe unterwegs war, mit einem jungen Mann im Supermarkt ins Gespräch gekommen. Und dann sagt der doch tatsächlich, er wolle am Abend vorbeikommen. Ich hab' mir erstmal nicht viel dabei gedacht. Aber sofort fiel mir ein, daß meine Frau ja weg war. Und dann klingelte es auch abends, und er hatte eine Flasche Wein dabei. Wir redeten nach Herzenslust. Da merkte ich, wie er sich immer an den Schritt faßte. Und so nach ein zwei Gläschen fragte er, ob es mir was ausmachen würde, wenn er bei mir übernachtet, wo meine Frau doch weg war. So geschehen! Und es war eine wunderschöne Nacht. Mein erstes Erlebnis. Von da an wußte ich: Das willst du öfter.«

Den jungen Mann hatte Erich nie mehr wiedergesehen, aber er begab sich in der Stadt auf die Suche. Die ersten Jahre hatte er nur Erlebnisse, die er heute weniger schön findet: »Die wollten alle nur Geld. Die hatten keinen Spaß dabei. Mir war das erstmal egal, weil ich noch so voller Tatendrang steckte, das war ja noch alles aufregend neu für mich. Und die Wärme hatte ich ja durch meine Frau. Aber dann wollte ich mehr, eine innige Beziehung, meinetwegen auch für Geld. Heute bin ich wirklich glücklich!«

Erich hat es geschafft, seinem Alltagstrott zu entkommen, ohne dabei auf die Annehmlichkeiten seiner Ehe verzichten zu müssen. Anders ergeht es allein lebenden Schwulen. Aber auch ihnen kann es gelingen, für Wärme zu sorgen, auch wenn ihre sexuellen Beziehungen mehr sporadisch sind.

Albert: (69) »Ich bin zufrieden mit meinem Alltag. Ich treffe meine Verwandten noch immer, die wissen auch schon, daß ich Homo bin. Jahrelang hab' ich Angst vor ihren Reaktionen gehabt, was man so alles hört. Und dann war alles ganz anders. Keiner hat sich von mir abgewendet. Die sagten: ›Darüber hört man doch jetzt soviel im Fernsehen, das sind doch ganz normale Menschen. Aber früher mußt du das ja schwer gehabt haben‹.« Die Anteilnahme seiner Lieben geht sehr weit. Ein jüngerer Neffe hat für Onkel Albert sogar mal eine Kontaktanzeige aufgegeben und sie ihm zum Geburtstag geschenkt. Albert war gerührt: »Da hab' ich ihn in den Arm genommen und geweint. Und er hat gesagt: ›Onkel, du bist doch unser Liebster, da müssen wir doch auch was für dich tun!‹«

Albert geht in die beiden Kneipen in seiner Kleinstadt, wo man ältere Schwule treffen kann, denn er steht nicht auf ganz junge. »Ich suche einen ab Mitte Vierzig, aber lieber ab Mitte Fünfzig.« Und das findet er schwierig, »weil die meistens nur diskrete Treffen wollen, aber damit kann man keine Beziehung aufbauen.« Hoffnungslos ist er indes nicht: »Was nicht ist, kann noch werden.«

Während Albert noch zu der traditionell versteckt lebenden Generation zählt, kann bei den heute Fünfzigjährigen schon häufig von einem schwulen Alltag gesprochen werden. Viele von ihnen leben in Partnerschaften und offen oder halboffen schwul. Sie haben oft einen schwulen Freundeskreis, und an Aktivitäten mangelt es ihnen nicht – sofern sie sich darum bemühen.

Heinz ist heute Mitte Fünfzig. Er ärgert sich über das Klischee des alten, einsamen und womöglich lüsternen Homos. »Das denken sich Leute aus, die keine Ahnung haben.« Ich frage nach: »Es gibt unbestreitbar einsame alte Schwule, oder?« Heinz legt los: »Natürlich gibt es die. Es gibt auch einsame alte Heteros! Das liegt an jedem selbst, was er daraus macht. Ich hab' einige Freunde verloren, weil die mir zu sehr auf sich und ihre Leiden konzentriert waren. Viel zu sehr. Aber das muß nicht so sein. Ich wäre von Hans, meinem zehn Jahre jüngeren Freund, wahrscheinlich längst verlassen worden, wenn ich auch so wäre. Aber ich habe noch Lust am Leben und klage nicht über das, was ich nicht mehr kann.«

Freilich gibt es auch ganz andere Meinungen. So lernte ich Hartmut in einem Gespräch kennen, in dem er mir von seiner Isolation und seinen unerfüllten Wünschen berichtete: »Wer will denn noch einen Alten? Die Jungen sagen doch nur: ›Was willst du in unserer Kneipe, Opa! Da lernst du keinen kennen. Geht nicht.‹« Ich fragte Hartmut, wie lange er denn schon allein lebt, und bekam zu meiner völligen Überraschung die Antwort: »Ich habe noch nie allein gelebt. Meine Jungs wohnen bei mir.«

Seine »Jungs« sind derzeit zwei polnische Lehrlinge, denen er in seiner riesigen Altbauwohnung Unterschlupf gewährt hat. Anfangs hat Hartmut auch für Essen und Kleidung gesorgt, jetzt zahlen die beiden ihren Anteil an den Kosten. Die beiden wohnen bei ihm seit einem Jahr, davor hatte Hartmut andere Gäste. »Und alle sind bis heute meine Freunde geblieben. Daran siehst du, daß es mir um menschliche Beziehungen geht, nicht nur um Sex, schon gar nicht um gekauften.«

Unsere ›Dienstältesten‹ zählen allesamt noch zu der Generation der durch Strafrecht und Gesellschaft stark Verfolgten. Sie konnten sich nicht schon in ihrer Jugend einen schwulen Freundeskreis aufbauen und lernen, ihr Schwulsein auszuleben. Mehr als die Hälfte von ihnen war einmal verheiratet. Für sie ist das Alter wegen ihres späten Coming-outs sogar mit besonders positiven Erfahrungen verknüpft: »Ich lebe erst seit meiner Pensionierung und meiner Trennung von meiner Frau. Ganz deutlich«, meint der 75jährige Helmut.

Herr Langer gehört zu einer Gruppe schwuler Väter in Frankfurt. Er hat sein Schwulsein erst mit 40 » so richtig gesehen« und kann mit dem neudeutschen Wort Coming-out wenig anfangen: »Vor 50 Jahren habe ich geheiratet. Ich hätte nie den Mut gehabt, offen schwul zu leben. Das tue ich bis heute nicht. Die Nachbarn, Kollegen, einfach alle, kennen mich als verheirateten Mann, da komme ich nicht heraus.« Das Problem haben viele seiner Generation. Langer ist heute 73 Jahre alt, eine schwule Jugend hatten aber in den 30er Jahren nur wenige. »Der Faschismus«, erzählt er, »hatte uns zu Unmenschen gestempelt. Wir haben uns an das Leben in Tarnung gewöhnt.« Nach dem zweiten Weltkrieg, als die *Sub* erneut – ziemlich illegal – aufblühte, war fast ausschließlich anonymer Sex angesagt. Zwar gab es nun auch homosexuelle Zeitungen und Filme, jedoch: »Das galt im öffentlichen Ansehen alles als unmoralisch. Wir haben uns da in eine Nische eingenistet, sind in die Anonymität geflohen.« Das Erlebnis, »so richtig zu einer Partnerschaft zu stehen, fehlte«.

Auch Hannes (73) sagt: »Unsere Vergangenheit ist noch hauptsächlich durch den Paragraphen 175 in seiner scharfen Form geprägt. Homosexualität war bis 1969 vollkommen illegal – das liegt heute noch in uns drin. Wir haben heute noch diese Ängste. Eine Kollegin hatte mich in den fünfziger Jahren schriftlich bei meiner Firma angeschwärzt und behauptet, ich würde mit ihrem Mann ins Bett gehen. Das war aber nie der Fall, wir waren lediglich häufiger gemeinsam zum Dienst gegangen. Ich mußte dann zum Personalchef, der mir diesen Brief vorlegte. Ich fiel damals aus allen Wolken. Aber noch überraschter war ich von der Reaktion unseres Chefs, der sagte:

›Ihr Privatleben interessiert uns überhaupt nicht! Solange dadurch dienstliche Belange nicht berührt werden.‹ Schließlich wurde der Anschwärzerin sogar mit einer Strafanzeige wegen übler Nachrede gedroht.«

»Ein heterosexueller Bekannter«, berichtet Franz, »wollte mit 72 heiraten.« Seine Verwandten waren sämtlichst dagegen – man nahm ihn nicht ernst. »Wenn ich nun einen schwulen Freund suche, können Sie sich vorstellen, wie das endet.« Für wahr, dazu gehört manchmal Mut, worauf nicht jeder vorbereitet ist. Ein alter Mensch ist »ein geiler Knacker, wenn er noch sexuelle Bedürfnisse zeigt«, meint Werner (76). Doch das sehen immer mehr Menschen anders, und Alte wehren sich und treten offen in Talk-Shows für ihre Sexualität ein – auch für gleichgeschlechtliche.

Hannes: »Als Älterer hat man wahrscheinlich auch einem sehr viel Jüngeren gegenüber, den man mag und nett findet, die Angst, von ihm in einer Form abgelehnt zu werden, die sehr verletzend ist. Die jungen Leute sagen manches aus sich heraus, was sie als Selbstverständlichkeit empfinden, was auf uns ältere sehr verletzend wirkt, z.B. ›alter Knacker‹. Da wird einem das Alter vorgeworfen. Der Jüngere wird doch aber auch älter, nur das sieht er nicht und will es auch nicht wahrhaben«.

Manfred, unser jüngster Alter, hält mit seinen knapp sechzig Jahren etwas dagegen: »Ich wurde auch schon von Älteren, die ich nur etwas fragen wollte, regelrecht abgefahren. Da war ich richtig geschockt. Aber man muß wohl Ablehnung auch mal ertragen können.«

Doch es gibt auch viele Gegenbeispiele, wo Schwule verschiedener Generationen miteinander verkehren. »In unserer Clique spielt das Alter keine Rolle«, freut sich Georg (73). »Wir sind ein Kreis von achtzehn bis fast achtzig, und einige Ältere haben auch Beziehungen mit sehr Jungen.«

Ältere Schwule im Streitgespräch

Was das größte Problem der Schwulen im Alter sei, frage ich einen noch jungen Alten (60): »Heterosexuelle haben doch im allgemeinen Kinder, die sie im Alter besuchen. Den meisten Schwulen fehlt das.« Sicher nicht nur denen. Um so wichtiger kann es sein, sich einen Freundeskreis aufzubauen. Hannes wirft ein, daß »man einfach etwas festgefahrenere Gewohnheiten im Alter hat und es dadurch viel schwerer ist, sich aufeinander einzustellen.« Rudi: »Und das Sexuelle rückt ja dann auch in den Hintergrund, und man achtet mehr auf die menschlichen Eigenschaften. Man wird da einfach wählerischer. Dadurch kommen Probleme, die früher durchs Bett ausgeglichen wurden, in den Vordergrund.«

Das empfindet Manfred ähnlich: »Mich stört heute das Äußere nicht mehr so. Mit jungen Jahren hast du mit Sicherheit mehr nach dem Äußeren geguckt.«

»Das war ja doch der Drang zum Sex«, antwortet Rudi. »Und heute ist es vielleicht ein bißchen mehr Liebe, Zärtlichkeit. Mit dem Sex ist das ja nicht mehr so doll, wenn's nicht geht, dann ist es genauso gut. Die Werte haben sich verschoben. Ich kann also jetzt zu einem Freund nur dann ja sagen, wenn ich da eine geistige Verbindung spüre.«

Als ich das höre, denke ich: Das ist doch nicht nur bei Alten so... Aber vielleicht haben die damals unter dem enormen Druck eben anders gelebt und sind sexuelle Kontakte schneller eingegangen, obwohl sie lieber eine dauerhafte Beziehung gehabt hätten. Was in ihrer Jugend sehr viel schwerer war. So frage ich, wie das mit der Einsamkeit ist.

Manfred: »Ich kann mit Freunden etwas unternehmen und trotzdem dabei einsam sein. Irgendwas fehlt eben doch.«

Rudi: »Also, ich fühl' mich nicht mehr einsam, seit ich mich im Schwulenzentrum engagiert habe. Ich hab' meine Ansprüche die letzten Jahre auch heruntergesteckt. Ich finde hier zwar manche Leute ganz hübsch, aber ich bin auch so zufrieden.«

»Das ist aber doch schon wieder eine gewisse Resignation!« fällt Hannes ihm ins Wort, »weil du weißt, daß eben mehr nicht geht und du so leicht keinen Partner findest.«

»Ich schöpfe aber nun das aus, was es gibt, und freue mich daran«, kontert Rudi. »Zum Beispiel hab' ich mich wahnsinnig über die Einladung zur Geburtstagsfete bei zwei jüngeren Mitarbeitern gefreut. Allein diese Vorbereitungen und die Vorfreude, das hat mir schon soviel gegeben, da hab' ich ein Ziel und weiß, ich bin gern gesehen.«

»Tja, für einen Abend...« murrt Manfred.

Doch Rudi sieht das anders: »Nein, ich nehme von der Freude etwas mit in den Alltag, und nur wenn wir so unsere Resignation abbauen, werden wir auch wieder fähig, Partnerschaften einzugehen.«

Hannes: »Das geht mir doch ähnlich. Ich freue mich auch auf den monatlichen Tanztee und auf die Yoga-Gruppe oder das Mah-Jongg-Spielen. Aber das ist nichts weiter, als daß du unter Menschen kommst und aus dem Alleinsein herausfindest.«

Und »das ist ja schon ganz schön viel«, befindet Hermann. Und: »Viele denken bei Gruppentreffen gleich an Heiratsmarkt, das macht alles viel schwerer.«

Viele ältere Schwule versuchen nun, zwischen ihrem partnerschaftlichem Nachholbedürfnis und dem Aufbau anderer Freundschaften zu unterscheiden. Im Alter haben viele Schwierigkeiten, einen Partner zu finden und sich auf ihn einzustellen. Versuch macht klug! Daß niemand sagen kann, er finde nie mehr jemanden, beweisen all die Männer, die in einer Beziehung leben. Überhaupt: Jugendkult und Altenfeindlichkeit sind keine unüberwindbaren Tatsachen, sondern Merkmale einer Gesellschaft, die verändert werden kann. Es wäre unsinnig zu behaupten, daß in fünfzig Jahren noch die gleichen Wertmaßstäbe gelten wie heute. Wir werden sehen!

Heiko (45): »Ein typisch schwules Altersproblem«

»Ich lebe ganz gut als über Vierzigjähriger, und weil ich im Laufe der Jahre meine Hemmungen abgebaut habe, fallen mir Kontakte jetzt leichter denn je. Ich bin schwuler Aktivist. Ich gebe viele Interviews zum Thema Schwulsein, und mein Altersproblem hängt damit zusammen: Denn je älter ich werde, um so genervter bin ich von den immergleichen Fragen der Heteros. Der Umstand, daß sie immer noch gestellt werden, ist doof. Und zugleich schlauer als Schweigen, weil die Fragen eben tatsächlich noch immer nicht oft genug beantwortet wurden. Ich meine diese Fragen: Kann man zur Homosexualität verführt werden? Haben Homosexuelle Angst vor der Frau? Die Fragen zur Homosexualität altern mit mir. Hoffentlich überlebe ich sie.

Von schwulen Mitstreitern höre ich ebenso lange, daß alles nur noch kommerziell, aber nicht mehr politisch ist und sich keiner mehr engagiert. Da meinen einige, der Christopher-Street-Day sei überflüssig, weil unpolitisch. Als ob nicht Tausende von Schwulen auf einer Demo schon Politik wären. Klar, konkrete Forderungen gab es auf einigen dieser ›Karnevalsveranstaltungen‹ kaum noch. Und da kann ein Überdenken nicht schaden.

Aber besiegelt die Gleichung ›Mehr Kommerz = Weniger Politik‹ den Tod der Bewegung? Wahrscheinlich ist, daß ein Schulterschluß der Schwulen oberflächlich gesehen weniger notwendig erscheint, wo die Szene floriert. Müssen deshalb politische Parolen zwangsläufig vor dem Neonlicht der Sub verblassen?

Dem muß man nicht folgen. Größere Sub bedeutet nämlich auch mehr Öffentlichkeit, mehr Infrastruktur, mehr Erreichbarkeit von Homosexuellen. Allerdings sind mehr Schwule am Tresen auch noch keine politische Größe. Der Weg zu neuen Ufern dürfte Überzeugung, nicht Kommando heißen. Gay Community in diesem Sinne bedeutet statt Abkapselung Raum zur Entfaltung. Das Bewußtsein, gemeinsame Interessen zu haben, kann erst entwickelt werden, wo auch schwuler Alltag erfahren werden kann.

9

Gay&gray-Power

Eigenaktivierung beim Älterwerden

Wer sich in Bewegung bringen möchte, braucht den Glauben an sich selbst. Einige Erkenntnisse aus der Forschung machen Mut:

– Die meisten Älteren bewahren sich ihre Selbständigkeit bis ins hohe Alter.

– Körperliche und geistige Fitness sind in jedem Alter möglich.

– Manch gesundheitliches Problem ist durch Training und gesündere Lebensweise vermeidbar und abzumildern.

– Gedächtnisleistungen sind weitgehend eine Frage der Übung, auch wenn das Kurzzeitgedächtnis abnehmen kann

– Sexualität im Alter kann intensiver sein als in jungen Jahren. Befriedigung und Lust hängen nicht direkt mit Potenz zusammen.

- Durch eine relativierende Sichtweise können ältere Menschen mehr Lebensfreude erreichen als viele junge.

- Mit zunehmendem Alter kann man »weise« werden. Man gewinnt dabei eine »reife Distanz zur eigenen Geschichte« und eine »Relativierung all dessen, was Menschen in der Lebensmitte für wichtig halten«.

- »Entwicklung kann auch im höheren Lebensalter noch Veränderung im positiven Sinne, also Gewinn, Verbesserung, Erneuerung bedeuten. Positive Veränderungen finden wir u.a. im Bereich des Denkens und Urteilens.« Denn: »Ältere Menschen können auf eine größere Fülle erlebter Situationen, Erlebnisse, Handlungsergebnisse und -folgen zurückblicken als jüngere und damit eine aktuelle Situation leichter einschätzen, Entwicklungen prognostizieren und Sachverhalte aspekt- und nuancenreicher beurteilen«, fand der Psychologe Heinz Jürgen Kaiser heraus.

Gelassenheit und Weisheit der höheren Semester

Viele ältere Schwule, mit denen ich gesprochen habe, erschienen oft mit sehr wohlüberlegten Fragen und erwarteten auch keine Patentrezepte, sondern Anregungen, die sie selbst erproben können. Mein Eindruck war manchmal, daß wir sehr viel von ihnen lernen können.

Ich habe beobachtet, daß ältere Schwule oft durch unglaubliche Gelassenheit bestechen. Sie suchen mich mit einer Frage auf und scheinen ein ganz wichtiges Wissen schon mitzubringen.

Dazu zählt:

– »Es gibt keine Wunder! Meine Probleme kann nur ich lösen und dazu muß ich mich bemühen.«

– »Glück besteht nicht aus einer einzigen Sache, sondern ist die Gesamtheit meiner Aktivitäten und Gefühle.«

– »Ich muß nicht untergehen, nur weil ich nicht alles bekomme, was ich gern hätte.«

– »Unglück kann ich verkraften (›Das Leben geht weiter!‹)«

– »Nur ich kann meinem Leben einen Sinn geben.«

– »Wie alle Menschen habe ich vieles falsch gemacht, aber das gehört zum Leben.«

– »Ich habe viele Chancen verpaßt, aber kann das nicht rückgängig machen, hatte auch damals meine Gründe für mein Tun und habe immer noch die Möglichkeit, dem Leben etwas abzugewinnen.«

– »Ich genieße jeden Tag, weil ich nicht weiß, wie lange ich das noch kann. Ich lebe in der Gegenwart.«

– »Gerade kleine Freuden machen den Tag angenehm.«

– »Jeder Mensch hat Grenzen und die Möglichkeit, in dessen Rahmen das für ihn Beste daraus zu machen.«

Übung gegen Resignation

Wenn du bis jetzt gedacht hast, Älterwerden und Schwulsein seien ein vorzeitiges Begräbnis, tu die nächsten sechs Monate so, als stünde dir die Welt offen! Folge der nachfolgenden Übung und erlebe Alter und Schwulsein neu – von seiner aktivsten Seite. Beginne die nächsten zwei Wochen täglich mindesten einen Punkt dieser Liste! »Es gibt nichts Gutes, außer man tut es.« (Kästner)

1 Besorge schwule Zeitungen und einen schwulen Stadt- bzw. Reiseführer.

2 Vereinbare einen Termin in einem Schwulenzentrum, um zu erfragen, welche Aktivitäten für ältere Schwule angeboten werden und wie du dich dort engagieren kannst – als passives oder aktives Mitglied oder in einer Gruppe. Bitte um Unterstützung, um vielleicht eine Gruppe zu gründen.

3 Suche dir alle Kneipen in deiner Nähe heraus, die mit ma (gemischte Altersgruppen) oder og (ältere Schwule) gekennzeichnet sind.

4 Besuche der Reihe nach diese Orte.

5 Plane einen Urlaub zu einem der Reiseziele, unter dem du besonders viele Eintragungen in den schwulen Führern findest (z.B. Sitges oder Gran Canaria).

6 Suche Vorträge und Veranstaltungen aus den Terminseiten der schwulen und anderen Zeitschriften heraus, die du besuchen möchtest.

7 Gebe eine Kontaktanzeige auf. Suche Gleichgesinnte oder einen Partner. Beispieltext: »Alt und schwul – suche nette Menschen zum Aufbau eines Freundeskreises.« Schreibe erstmal deinen Text und sieh ihn dir die folgenden Tage immer wieder an. Du kannst ihn jederzeit verändern. Wichtig ist auch hier: Einen Anfang machen!

8 Beantworte Kontaktanzeigen, die dich interessieren. Hierbei gilt das gleiche: Erst drauflos schreiben, später entscheiden, ob du den Brief abschicken möchtest. Befreie dich erstmal von deinem Zensor im Kopf!

9 Bereite ein Essen vor oder bestelle eines, und lade alle Schwulen dazu ein, die du kennst. Falls du wenig Geld hast, erbitte einen Beitrag. Ignoriere strikt jeden Gedanken wie »Die kommen sowieso nicht« oder »Niemand interessiert sich für mich.«

10 Gehe in eine schwule Buchhandlung und stöbere die Regale durch. Suche das Gespräch mit dem Buchhändler.

11 Forste das Kinoprogramm nach einem Film durch, der schwule Rollen beinhaltet. Hingehen ist besser als zu denken: »Ich könnte ja...«

12 Gehe möglichst täglich in ein schwules Lokal, Café oder Zentrum essen oder Kaffee trinken – auch allein! Nichts erwarten, aber Kontakte knüpfen, wo es möglich ist. Wo dann, wenn nicht hier? Wie schaffen andere das? Nutze jetzt die Geduld und Weitsicht des Alters und lasse dich auf keinen Fall von deinem Wunsch, Menschen kennenzulernen, abbringen.

13 Lege ein Tagebuch an, in dem du alle neuen Aktivitäten festhältst.

14 Suche einen schwulen Frisör auf. Auch er ist ein Gesprächspartner zwischendurch. Es geht dabei einfach darum, deine schwulen Aktivitäten so weit es geht auszudehnen und immer wieder neue Anregungen zu erhalten und Perspektiven aufzubauen. Tägliche Tuchfühlung mit deinem neuen Leben ist sehr wichtig.

15 Suche einen schwulen Arzt aus einem schwulen Stadtführer heraus, oder laß dir die Adresse eines solchen von der nächstgelegenen Schwulenberatung oder »Rosa Hilfe« geben.

Aktiv Kontakte aufbauen

Wem bislang noch nicht gut gelungen ist, Kontakte zu knüpfen, der kann vielleicht etwas von Heriberts (54) Geschichte lernen. Er suchte mich auf, weil er daran litt, daß sich niemand mit ihm unterhalten mochte. Die entsprechenden Kneipen, in denen er auf Altersgenossen trifft, kannte er wohl, aber es war ihm partout nicht gelungen, auch längere Kontakte aufzubauen. Mir wurde sehr bald klar, woran das lag. Heribert begann sehr schnell zu nörgeln. Alle anderen wollten gar keine Kontakte, alle wollten nur was Junges, alle seien engstirnig und egoistisch. Außer ihm.
R.W.:Heribert, halten Sie mal einen Augenblick an! Was glauben Sie, können wir beide hier an all den Menschen, auf die Sie schimpfen, ändern?
Heribert: Nichts.
R.W.: Wenn das so ist, meinen Sie, daß es jemanden geben könnte, der ohne solchen Groll auf solche Bekannten reagiert?
Heribert: Ja, die gibt es sicher.
R.W.: Wie machen die das?

Heribert: Die sagen sich, daß jeder sagen muß, was er will und jeder sich erstmal darum kümmert, was er will.
R.W.: Sind die zufriedener oder unzufriedener als Sie?
Heribert: Zufriedener.
R.W.: Was genau müßten Sie ändern, um das auch zu erreichen?
Heribert: Dann müßte ich quasi auch Leute akzeptieren, die egoistisch sind.
R.W.: Indem Sie was tun?
Heribert: Indem ich auf die Leute zugehe und mir sage, das ist in Ordnung, wie die sind.
R.W.: Ja, selbst dann, wenn Ihnen das nicht immer gelegen kommt. Dafür gewinnen Sie selbst auch etwas. Nämlich was?
Heribert: Na mehr Ruhe und mehr Möglichkeit, die Menschen überhaupt erst kennenzulernen.

Heribert hatte jetzt den Punkt erreicht, an dem er nicht mehr über andere lamentieren, sondern seine Maßstäbe neu formulieren wollte. Dazu haben wir neue Bewertungen erarbeitet. Für Heribert waren folgende Einsichten im Verlauf der Gespräche sehr wichtig geworden:

– Ob ich gemocht werde, hängt davon ab, ob ich andere so sein lasse, wie sie sind. Wenn ich meine, man muß sich in bestimmter Weise verhalten, so ist dies nur meine Meinung. Andere werden das anders sehen und andere Maßstäbe haben. Die sind nicht besser oder schlechter als meine eigenen, aber sie führen zu anderen Konsequenzen. Wenn meine Auffassungen zur Konsequenz führen, daß ich niemanden gewinnen kann und mich dumm und dämlich ärgere, dann kann ich daran arbeiten. Warum sollten andere für meinen Ärger verantwortlich sein, wo sie doch im Grunde besser klarkommen als ich? An solchen Punkten bin ich nicht machtlos, sondern kann meine strengen Maßstäbe hinterfragen und abbauen.

- Wenn ich jemanden für egoistisch und rücksichtslos halte, dann muß niemand sonst das so sehen. Ich werde mich künftig fragen, was so schlimm an einem Verhalten ist, das die Leute doch zu ihrem Ziel bringt, und ob ich mich nicht unnötig blockiere. Wenn ich mal gelernt habe, man muß sich um andere stets sorgen, so ist das nur ein mögliches Verhalten. Ich prüfe, welche Konsequenzen das hat. Offenbar teilen viele andere das nicht, also gelange ich damit nicht zu meinem Ziel einer rücksichtsvollen Menschheit. Das Verhalten der anderen liegt außerhalb meiner Macht. Weniger ist dann vielleicht mehr. Also lieber einmal sagen, was man will, und etwas probieren, als von den anderen erwarten, daß sie mich mit Samthandschuhen anfassen.

- Wenn ich andere verteufele, lenke ich mich von meiner Hoffnungslosigkeit ab und gebe anderen die Schuld. Das kann ich unterbrechen, indem ich mir mehr Perspektiven und Selbstbewußtsein aufbaue. Für meine Hoffnungslosigkeit können andere gar nichts. Die kann nur ich selbst abbauen. Durch Verbitterung erreiche ich mein Ziel nicht.

Zorn und Ärger sind oft Ersatzgefühle, die uns von Niedergeschlagenheit oder Enttäuschung ablenken. Wir haben deshalb auch an Heriberts Niedergeschlagenheit gearbeitet. Dazu waren für ihn die wichtigsten Einsichten:

- Trotz meines Alters kann ich noch Freunde gewinnen und an vielen Dingen Freude haben.

- Leider habe ich erst jetzt die Chance ergriffen, meine selbst abwertenden Gedanken und Schuldgefühle wegen meiner

Homosexualität abzubauen. Ich hoffe sehr, daß ich mich noch stärker anzunehmen lernen. Wenn ich mich schlecht fühle, beginne ich, mich darauf zu besinnen, daß mein Maßstab, den ich an mir anlege, noch immer zu hoch ist. Ich mache mir immer wieder klar, daß ich nicht von allen gemocht werden muß, daß Homosexualität nicht meinen Wert mindert, daß ich nicht angesehener, wohlhabender oder gebildeter sein muß, als ich bin. Ich löse mich von diesen Maßstäben, die mir anerzogen wurden. Es gibt keinen Grund und keinen Beweis dafür, daß ich jemand anders sein müßte oder anders aus sehen müßte. Denn der Wert eines Menschen ist damit nicht bestimmbar. Wenn ich das dennoch mache, zahle ich einen hohen Preis dafür. Deshalb höre ich auf, mich zu bewerten. Ich finde viele Dinge toll an mir, z.B. wie sehr ich jetzt noch an mir arbeite. Ich konzentriere mich auf das, was ich er reichen kann, statt auf meine Vergangenheit oder etwas anderes, was nicht in meiner Macht steht.

Heribert hatte nun einige Monate sehr viel geübt, in den Situationen, in denen er vorher niedergeschlagen und sogleich wütend reagiert hatte, an seinen ihn behindernden Überzeugungen zu arbeiten. Und während dieser Übungen hat er mehr Kontakte geschlossen als in den Jahren zuvor. Noch immer gilt er als knurrig, aber liebenswert und sehr aktiv. Er ist ein gutes Beispiel dafür, daß man auch in höheren Jahren noch ein neues Verhältnis zu sich und anderen aufbauen kann. Trotz der Anstrengung, eingefahrene Wege zu verlassen.

Viele haben von vornherein ein positiveres Verhältnis zu ihrer Umwelt aufgebaut. Dennoch wissen sie manchmal nicht, wie sie ihre Freizeit angehen sollen. Deshalb habe ich einige Beispiele zusammengestellt, mit denen ältere Schwule recht gute Erfahrungen gesammelt haben:

–Täglich Kontakte knüpfen, nicht nur zu Schwulen. Man bleibt lockerer, wenn man auch ein Gespräch im Supermarkt oder auf der Bank im Park nicht verschmäht.

–Einen persönlichen Veranstaltungskalender zurechtlegen. Suche dir Vorträge, Ausstellungen und Aufführungen aus dem Stadtmagazin heraus, die dich besonders interessieren. Solange man allein ist, geht man auch allein dorthin. Was früher ungewöhnlich gewesen sein mag, ist heute üblich: Allein auszugehen. Wer zudem ein Auge auf schwule Aspekte der Aktivitäten wirft, schafft sich die Gelegenheit, andere Schwule kennenzulernen.

»Wir sind der bessere Jahrgang«

Wer meint, nichts Neues mehr lernen zu können, und alles Neue heftigst abwertet, erntet Isolation. Ein typisches Beispiel dafür, wie sich jemand durch mangelnde Flexibilität selbst lähmen kann, ist Otto (49). Er suchte mich auf mit dem Anliegen, Kontakt auch zu jüngeren Schwulen zu bekommen, »damit die von meiner Erfahrung profitieren können.« Mir war schon nach diesem Satz klar, warum Otto bisher mit seinem Ziel gescheitert war: Seine Kontakte verliefen nach dem Lehrer-Schüler-Muster, wobei er sich freizügig die Rolle des Lehrers zugebilligt hatte. Die Jungen sollten z.B. lernen, »daß man sich nicht selbst schwul nennen darf, weil das ein Schimpfwort ist.« Schon darüber geriet Otto bei jeder Kontaktaufnahme, die im Schwulenzentrum durchaus möglich war, in heftigen Konflikt. Die Jüngeren, aber auch Älteren, zogen sich immer alsbald zurück. »Da sagt doch so ein Jungspund zu mir, er würde sich doch nichts mehr vorschreiben lassen!« wetterte Otto. Ich hatte nun die Wahl, Otto schimpfen zu lassen und ihm damit das Gefühl zu

geben, wenigstens einer hätte ihn verstanden, oder ihm dabei zu helfen, sein Problem langfristig abzumildern oder auszuräumen. Beides zusammen geht nicht. Im übrigen hatte er schon einen Seelsorger, der sich seine Schimpfkanonaden immer wieder anhörte. Ich antwortete also ruhig: »Warum sollte der sich von Ihnen etwas vorschreiben lassen?«
Otto: Aus Respekt vor meinem Alter.
R.W.: Weshalb sollte er davor Respekt haben?
Otto: Das gehört sich so!
R.W.: Meint wer?
Otto: Alle.
R.W.: Der Junge auch?
Otto: Nein, eben nicht. Aber die meisten.
R.W.: Das ist dann sicher sehr angenehm für Sie. Dann unterhalten Sie sich doch mit jemandem, der zu den meisten gehört, und vergessen Sie diese Minderheit von Respektlosen.

An dieser Stelle wurde Otto sehr bewußt, daß er sich etwas vormachte. Die Mehrheit, auf die er sich berief, um seine eigene Meinung durchzusetzen, gab es gar nicht. Er hielt zunächst inne und lächelte dann ein wenig verlegen. Schließlich sagte er: »Äh, bislang haben das alle so hingenommen. Sie sind aber sehr genau. Also, wenn ich mir das überlege, dann stimmt das auch gar nicht. Ich wünschte mir eigentlich nur, das wäre so.«
R.W.: Halten wir das fest: Die Mehrheit sieht das mit dem Respekt vor dem Alter also keineswegs so wie Sie. Das bedeutet für Sie was?
Otto: Daß ich nichts zu sagen habe.
R.W.: Meinen Sie damit, daß die Meinung anderer genauso zählt oder nicht zählt wie Ihre?
Otto: Ja. Sie haben Recht, ich mache es mir sehr einfach, nicht?
R.W.: Das finde ich nicht. Sie schaffen sich vermeidbare Konflikte. Wodurch?

Otto: Durch meinen Starrsinn, ich weiß.
R.W.: Was hindert Sie daran, andere so zu akzeptieren, wie Sie sich verhalten?
Otto: Weil ich immer das Sagen haben möchte.
R.W.: Wozu?
Otto: Vielleicht, weil ich mich schäme, schon so alt zu sein.

Von Schimpfen war jetzt keine Spur mehr. Wir waren an dem entscheidenden Gefühl, das Otto durch seine Vorschriftenmacherei und seine daran anknüpfende Wut sonst immer bekämpft hatte. Und durch seine heftigen Reaktionen fand er auch schon lange kaum noch Gesprächspartner oder Freunde. Nun begannen wir, seine Scham zu bearbeiten. Wie man ahnen wird, hatte Ottos Scham nicht viel mit dem Alter zu tun. Auch das Alter war nur ein oberflächlicher Anlaß, um sich selbst fertig zu machen. Die wesentlichen Erkenntnisse, die Otto in den folgenden Wochen erarbeitete:

- »Wenn ich mich minderwertig fühle, so können andere nichts dafür. Auch das Alter spielt hierbei keine Rolle, denn es gibt Alte, die sich sehr wohl als vollwertige Menschen fühlen.«

- »Die ganzen Vorschriften, die ich anderen mache, dienen dazu, sie schlecht und mich besser erscheinen zu lassen. Das möchte ich ändern. Ich baue meine starren Bewertungen ab und nehme andere wie auch mich selbst als wertvollen Menschen trotz aller Dinge, die ich an mir nicht mag.«

- »Ich bin traurig über viele Verluste, die ich erlitten habe. Aber auch dafür können andere nichts. Ich möchte aus der mir verbleibenden Zeit das Beste machen. Alt werden alle Menschen einmal. Man kann das nur hinnehmen, statt sich noch zusätzliche Probleme durch seine Wut und damit einhergehende Isolation zu schaffen.«

- »Ich streiche aus meinen Wortschatz das ›gehört sich nicht‹. Denn damit verstecke ich meine Maßstäbe hinter einer Allgemeinheit, die es nicht gibt. Ich versuche nun zu akzeptieren, daß meine Meinung nicht mehr zählt als die anderer. Schließlich ist Alter ja wirklich keine Gewähr für Weisheit. Ich würde auch nicht akzeptieren, alles zu glauben, was ein noch Älterer sagt, warum sollten das die Jüngeren tun?«

- »Ich versuche, mit anderen ins Gespräch zu kommen, ohne sie verändern zu wollen. Jeder hat ein Recht auf seine Meinung.«

- »Bei genauer Betrachtung habe ich sehr viel gefunden, was die Jugendlichen heute besser machen als zu meiner Zeit. Ich habe sehr ungerecht geurteilt und bemühe mich, das zu lassen.«

- »Wenn ich wütend werde, halte ich erstmal an, bevor ich lospöbele. Ich weiß nun, dann habe ich wieder mein Problem auf andere abgewälzt. Ich arbeite nun lieber an mir als an anderen. Ich möchte auch nicht, daß andere mir vorschreiben, was ich zu denken habe. Meinungen kann man austauschen. Die Wahrheit besitzt niemand.«

Impfung gegen Wehmut

Wer älter wird, wird manches Mal mit Wehmut an verpaßte Chancen zurückdenken. Oder er wird voller Befriedigung in

Erinnerungen schwelgen. Wenn wir uns in Ärger ergehen, dann meinen wir immer, wir hätten etwas erreichen müssen, das wir nicht getan haben. Wenn wir sogar Schwermut empfinden, dann halten wir das, was wir erreicht haben, für ungenügend. Tatsache ist: Die Vergangenheit können wir nicht ändern. Schon deshalb ist es unserer Lebenszufriedenheit nicht dienlich, uns mit verpaßten Gelegenheiten herumzuplagen. Die Chance aber, die jeder in jedem Alter besitzt, ist: Das Vergangene als solches anzuerkennen und Unerreichtes und Erreichtes mit neuen Augen zu sehen. Ich führe jetzt an »typischen« Beispielen vor, wie das geht.

1 »Ich hatte mir noch soviel vorgenommen!« Dieser Gedanke allein wird uns kaum in Unzufriedenheit oder gar Verbitterung stürzen. Aber viele Menschen glauben, daß sie mit diesem Rückblick auf ihr Leben nunmehr dauernd unzufrieden bleiben müßten. Eine einfache Vorstellungsübung genügt, um zu sehen, daß dieser Umstand allein nicht unglücklich machen muß: Stelle dir jemanden vor, der genau das denkt und dabei genüßlich an seinem Tee schlürft und die Beine hochlegt. Sein mildes Lächeln zeigt an, daß er sich recht gut fühlt, *obwohl* er genau das gleiche denkt wie jemand, der darüber schwermütig wird. Ein weiterer Hinweis: Fast alle Menschen hatten durchaus noch allerhand vor, als sie krank wurden oder in Rente gingen. Oder gemerkt haben, daß sie nicht alles bewältigen können, was sie sich aufbürden. Dennoch fühlen sich nicht alle Menschen schlecht, die ihre Vorhaben nicht mehr durchführen konnten. Wie mag das kommen?

Das Geheimnis liegt *hinter* dem Wörtchen »vorgenommen«. Für sich betrachtet klingt es harmlos. Aber oft meinen wir damit viel mehr. Wodurch nämlich entsteht üblicherweise unser Unwohlsein? Wenn du etwas nicht erreichst, das du für verzichtbar hältst? Wohl kaum! Wir fühlen uns schlecht, wenn wir *glauben,* das Unerreichte hätten wir unbedingt erreichen *müssen.* Und wir werden schwermütig, wenn wir *meinen,* es sei entsetzlich schlimm, daß wir nicht »alles« geschafft haben. Wobei schon das Wörtchen »alles« ein Faß ohne Boden ist, das niemand zu Lebzeiten je füllen wird. *Deshalb* – wegen dieser unerfüllbaren Anforderung an uns selbst und dem ungeheuren Wert, dem wir ihr zumessen – werden wir Ärger oder Melancholie verspüren. Wenn wir uns etwas lediglich vorgenommen hatten, ohne daran unser gesamtes Wohlempfinden zu knüpfen, werden wir über eine Vereitelung unserer Pläne immer noch enttäuscht sein. Erst wenn wir aber meinen, keinerlei andere Perspektive zu haben, fühlen wir uns deprimiert.

Wer also mit stärkerer Schwermut auf nicht Erreichtes blickt, tut gut daran, sich seine wirklichen »Krankmacher« ans Tageslicht zu befördern und sie auszuräumen. Zwei Fragen helfen dabei: Was finde ich so *schlimm* daran, daß ich einiges nicht erreicht habe? Und: Weshalb hätte ich mehr erreichen *müssen?* Zur Übung versetze dich am besten in die Lage eines zufrieden zurückblickenden Menschen, der ebenfalls vieles in seinem Leben nicht erreicht hat. Wie wird er diese beiden Fragen beantworten? Frage solche Menschen ganz gezielt! Oder laß die Phantasie spielen! Mögliche Antworten sind: »Ich habe vieles nicht erreicht, aber jedem sind Grenzen gesetzt.« Oder: »Ich hatte mir einfach zuviel vorgenommen!« Oder: »Ich denke lieber an all die Dinge, die mir gelungen sind, und an die schönen Erlebnisse, die ich hatte.« Oder: »Natürlich hätte ich noch mehr rackern können, aber alles hat seinen Preis. Und ich habe dafür mehr Freizeit gehabt.« Oder: »Dafür war ich entspannter und hatte schöne und intensive Freundschaften.«

Falls du gerade letztere meinst, wenn du denkst, daß du noch viel vorhattest, führe dir statt dessen vor Augen, worin du deine Schwerpunkte gesetzt hattest: »Dafür bin ich in meinem Job voll aufgegangen!« Und falls du beides vermißt: »Leider war mein Leben so. Ich versuche jetzt, noch etwas Schönes zu erleben. Zum Beispiel:

....

Falls du nun sagst, ich habe aber zu nichts mehr Lust, frage ich: »Wodurch bekommt man Appetit?« Dadurch, daß man nichts mehr unternimmt oder dadurch, daß man etwas Neues oder etwas Altes neu ausprobiert? Wer das nicht möchte, wird sich weiterhin niedergeschlagen fühlen. Entscheide selbst, ob dir dieser Preis der Resignation nicht ein wenig hoch vorkommt!

2 »Meine Beziehungen waren sehr unbefriedigend.« Kann sein. Auch das ist kein zwingender Grund, nunmehr zu resignieren und der Melancholie zu verfallen. Ohne Zweifel gibt es Menschen, die einen solchen unangenehmen Rückblick in neue Kraft umgewandelt haben. Indem sie Konsequenzen daraus zogen und sich vielleicht zum ersten Mal in ihrem Leben dem Machbaren zuwendeten. Du kannst nicht mehr die große Teenager-Liebe nachholen, aber du kannst jetzt noch eine ganz andere Liebe entwickeln und versuchen, dafür den passenden Partner zu finden. Oder bist du der einzige ältere Mensch, der jemanden sucht? Gedanken wie »aber in meinem Alter...« kannst du getrost beiseite schieben. Die späte Beziehung sieht vielleicht anders aus als die jugendliche Liebe. Aber viele ältere Schwule berichten von ihrem späten Frühling in einer Weise, wie Jugendliche von ihrer ersten großen Liebe.

Im Alter sind den meisten Menschen andere Dinge wichtig als in jungen Jahren. Aber Liebe hat viele Gesichter. Es gibt keine Garantie, daß du deinen Mann findest, aber du hast die Möglichkeit, ihn zu suchen. Wie sollte man das wissen, wenn man es nicht probiert? Schließlich haben auch die ganz Jungen keine Gewähr für ihr großes Glück. Glück ist zum Teil eben Glück, zum großen Teil aber Versuch. Und genau das könnte dich beflügeln, wieder aktiver zu werden. Und aktiv zu werden bedeutet immer auch, aus der Vergangenheit Lehren zu ziehen und sie ansonsten auf sich beruhen zu lassen. Du magst dein bisheriges Leben bedauern, dennoch kannst du mit einer Zukunftsperspektive das bisher Erlebte annehmen und dich auf die verbliebenen Möglichkeiten konzentrieren.

Das Buch der Bücher – Die hilfreiche Autobiografie

Wer allein über sein Leben nachdenken möchte, wer einiges neu einordnen oder einfach nochmal vor seinem inneren Auge erleben möchte, hat dazu eine sehr gute Möglichkeit mit der ganz persönlichen Biographie bzw. Lebensgeschichte.

Viele Menschen haben Tagebücher, Briefe oder Fotos, die allein schon Bände sprechen. Wer die Freizeit dazu nutzen möchte, noch einmal in Erinnerungen zu schwelgen oder sie bewußter erleben möchte, braucht nur Papier und Stift. Es geht nicht um literarische Leistungen dabei. Allerdings kann so ein kleines Werk auch für Geschichtsinteressierte einmal von Nutzen sein. Nicht jeder hat Interesse daran, seine Lebensgeschichte aufzuschreiben, aber viele trauen sich nicht. Sie wissen nicht, wo sie anfangen sollen. Meine Vorschläge für einzelne Abschnitte der Biografie können dir helfen, die Gedanken zu ordnen. Vielleicht kann ich dich damit anregen, loszuschreiben und zurückzublicken.

Eine Chronologie. Bei dieser Schreibtechnik verfolgt man sein bisheriges Leben von der Wiege an. Man beschreibt sein Elternhaus, die Kindheit, die Schulzeit, die Ausbildung, die beruflichen Stationen und die Zeit nach dem Ausstieg aus dem Berufsleben.

Die Schwerpunkttechnik. Dabei gibt man den einzelnen Kapiteln einen thematischen Schwerpunkt, wie Beziehungen, Beruf, Schwulsein, Ehe, Reisen, Sexualität, Sport usw. Oder auch: »Mein Verhältnis zu meinen Eltern und Geschwistern zu verschiedenen Zeitpunkten.«

Wandel. Bei diesem Vorgehen betrachtet man seine Auffassungen, politischen, religiösen Einstellungen, kulturellen Prioritäten usw. Man verfolgt solche Aspekte des Lebens über längere Zeit und räsonniert über die Veränderungen, die man vollzogen hat. Man betrachtet noch einmal, wodurch man sich gewandelt hat, welche Einflüsse man aufgegriffen hat. Vielleicht findest du auch etwas, das immer dein Credo war, dessen du dir bisher aber nicht bewußt warst. Nun hast du Zeit, dies im Rückblick herauszufinden, und selbstverständlich kannst du dich noch ändern. Ganz gleich, wie alt du bist.

Gefühlskalender. Eine weitere Möglichkeit besteht darin, nach besonders intensiven Gefühlen zu forschen und sich bewußt zu machen, woher sie kamen und wie man sie weiterhin nutz bringend einsetzen kann. Welche Ängste hattest du schon immer? Haben sie sich je als realistisch erwiesen? Worüber hast du dich besonders gefreut? Worüber geärgert? Welche Trauer hattest du zu verarbeiten? Welchen Gewinn hast du daraus gezogen? Woher hast du deine Kraft genommen?

Ereignisreport. Welche besonderen Ereignisse haben mich beeindruckt oder dazu bewogen, etwas in meinem Leben zu ändern? Welche Erlebnisse haben mich besonders geprägt? Welche Ereignisse hätte ich lieber nie erlebt? Was hätte ich gern noch einmal erlebt?

Diskussion. Was findest du heute besser oder schlechter als in deiner Jugend?

Verständnis für die heutige Zeit. Wenn du heute vieles schlechter findest als in deiner Jugend, dann schlüpfe einmal in die Haut der Jungschwulen und schreibe aus deren Sicht eine Erwiderung auf deine Meinung. Und schreibe aus der Sicht des Jüngeren auf, was er an deiner Jugendzeit »ätzend« gefunden hätte und warum. Wenn dir das sehr schwerfällt, sieh dir Jugendsendungen an und sammle Argumente der Jugendlichen. Du mußt sie nicht teilen. Aber manchmal erlangt man ein höheres Verständnis, wenn man versucht, die Welt aus der Sicht ganz anderer Menschen zu sehen. Nebenwirkung: Vielleicht findet man sich dadurch besser zurecht.

Du kannst auch alle Punkte miteinander kombinieren. Nun hast du genug Fragen, die du nur noch beantworten mußt. So, wie dir der Schnabel gewachsen ist. Schon manch ein Schreiber hat erst beim Schreiben entdeckt, wie aufklärend und wie mitreißend es sein kann, solche Fragen einmal über sich selbst zu beantworten. Es geht nicht um ein bestimmtes Ergebnis, es geht darum, sein Leben zu überdenken. So ausführlich oder kurz man mag. Wenn du dadurch noch zu Schlußfolgerungen gelangst, die dir in der Zukunft nützlich sind, um so besser!

Gruppen- und Vereinsgründung

Lange Zeit lebten ältere Menschen in unserem Kulturkreis nach den Grundsätzen einer altenfeindlichen Umgebung. Inzwischen klagen Ältere ihre Rechte ein, erstreiten sich Parteipositionen und Plätze in Talkshows. Vormarsch! Für immer mehr ältere Schwule hat sich's nun etwas mit der vorzeitigen Grabesruhe. Sie gründen Vereine, organisieren Reisen und Veranstaltungen und pflegen Geselligkeit. Und dabei ist so einiges machbar, schließlich haben die meisten jetzt mehr Zeit, um aktiv zu werden.

Ältere Schwule schreiten zur Selbsthilfe

Wenn Gruppen und Aktivitäten für ältere Schwule noch in der Minderzahl sind, dann ist das ein Manko, das hauptsächlich die Betroffenen selbst ändern können. Manche Gruppen versuchen zwar, Ältere für Aktivitäten zu motivieren, aber letztlich müssen diese selbst tätig werden. Die Möglichkeiten dazu sind heute besser denn je. Keine Beratungsstelle und kein Schwulenzentrum wird seine Hilfe verweigern, wenn jemand eine Gruppe gründen möchte. Hier gibt es geeignete Räumlichkeiten und eine effektive Infrastruktur: Die Gruppen erscheinen im Programm der jeweiligen Einrichtung und erreichen einen großen Interessentenkreis. Zusätzlich kann in Stadtmagazinen zwischen den Kontaktanzeigen inseriert werden. Was ist bei solchen Gruppengründungen zu beachten?

1 Einen ansprechenden Text formulieren! Bespreche deinen Text mit den Mitarbeitern in einem Schwulenzentrum, oder wende dich dorthin, um gemeinsam passende Formulierungen zu finden.

Gib deiner Gruppe einen Namen. Die Palette reicht vom modischen »Gay panthers« bis zum kühlen »Schwule ab Vierzig/Sechzig« oder dem klangvoll ältlichen »Oldies but Goldies«. Du kannst dir auch später noch einen anderen Namen ausdenken.

2 Nimm auch Kontakt zur schwulen Presse auf! Die machen kostenlos auf deine Gruppe aufmerksam und interviewen dich

vielleicht. Schließlich wird kein schwuler Aktivist eine solche neue Gruppe ignorieren oder ablehnen.

3 Überlege, wie häufig und wann ihr euch am liebsten treffen möchtet. Denkbar sind sowohl wöchentlich, 14tägig als auch monatlich – ganz nach Belieben. Eine allgemeinverbindliche Empfehlung gibt es hier sicher nicht.

4 Du solltest vorab wissen, daß Gruppen sich langsam, manchmal äußerst schleppend zusammenfinden. Du brauchst also vielleicht Ausdauer und solltest dich darauf einstellen, daß es einige Monate dauern kann, bis dein Projekt anläuft. Manchmal braucht es mehrere Versuche.

5 Du kannst auch Kontakt zu schon bestehenden Gruppen in anderen Städten aufnehmen und von den Erfahrungen anderer profitieren. Dabei gewinnst du mehr Selbstsicherheit. Suche dir Gruppen aus den Stadtführern heraus.

6 Du mußt kein »Gruppenleiter« werden! Die Gruppe ist für sich selbst verantwortlich. Du ermöglichst der Gruppe durch deine Anfangsaktivitäten lediglich, daß sie sich formieren kann. Du kannst Ansprechpartner für die Gruppe bleiben oder auch das einem anderen überlassen. Natürlich kannst du auch die Leitungsfunktion übernehmen und die Gruppe zu Aktivitäten und zur Planung von Unternehmungen motivieren. Aber das ist nicht notwendig, wenn du dafür keine Ader hast.

Ich bin ziemlich sicher, daß solche Gruppen nur ein Anfang der schwulen Pantherbewegung sind.

Um noch mehr öffentliche Präsenz und Kontinuität aufzubauen, sind Vereine für und von *gays & grays* das adäquate Mittel. Zukunftsmusik? Sicher! Aber noch vor wenigen Jahren hätte auch niemand geglaubt, daß es mal einen Verein z.B. für dicke Schwule und ihre Liebhaber geben würde. Warum nicht für »reife« und »unreife« Lover? Warum sollten sie keine Zeit finden, ihre eigenen Geschicke in die Hand zu nehmen? Da gilt es wohl vielmehr, die innere Denkbarriere zu überwinden und zu sagen: »Das geht und ich mach's!« Wer außer dir sollte das auch tun?

»Wir machen uns selbständig!«

1 Leihe oder kaufe ein Buch über Vereinsgründungen und arbeite es gründlich durch. Am besten gemeinsam mit anderen. So könnt ihr gleich diskutieren, was für euch besonders wichtig ist und wie ihr Problemen vorbauen könnt.

2 Frage im Schwulenzentrum nach einem schwulen Notar für die Formalitäten.

3 Inseriere in der schwulen Presse: »Mitglieder für Vereinsgründung gesucht. Ich möchte einen Verein für uns ältere Jahrgänge ins Leben rufen und bitte um Anruf...«

4 Baue einen Presseverteiler auf und unterrichte die Presse über jeden weiteren Schritt. Immer Kontaktnummer und/oder Adresse beifügen. Wer sich nicht traut, fragt im Schwulenzentrum bzw. einem Gay-Switchboard an, ob er deren Postanschrift verwenden darf. Auch sind möglicherweise dort bald Räumlichkeiten für die Treffen zu organisieren.

5 Plane die Vereinsgründung entsprechend den Vorgaben des Vereinsrechtes. Du benötigst dafür mindestens sieben Grün-

dungsmitglieder und mußt eine Versammlung mit Versammlungsleiter, Protokollführer und Vorstandswahl abhalten. Danach geht's zum Notar (Vorstände mit Personalausweis), der die Eintragung ins Vereinsregister veranläßt und nötigenfalls formale Korrekturen vornimmt.

6 Entwerfe ein Flugblatt über Vereinsziele und Möglichkeiten der Mitwirkung.

7 Stelle dich oder Mitstreiter als Ansprech- und Interviewpartner für die schwule Presse zur Verfügung. Sowohl schwule Rundfunk- und Fernsehsender als auch Druckmedien suchen solche Projekte, um kleine Reportagen oder Berichte zu verfassen.

8 Schicke eure Unterlagen auch an die Vereine, Ärzte und Therapeuten, die du im schwulen Stadtführer findest.

9 Bringe Geduld auf! Bis ein solches Unterfangen tragfähig ist, können Jahre vergehen. Manchmal gelingen aber Teilerfolge auch sehr schnell.

Thomas (51): »Nur Schwulsein ist nicht abendfüllend!«

Ich unterrichte an einer Gesamtschule. Seit dreieinhalb Jahren lebe ich mit meinem Freund zusammen in seinem Haus. Wir kennen uns seit fünf Jahren aus einer Gruppe für Schwule über vierzig, wo ich auch schon meinen vorigen Freund kennengelernt hatte. Aber die Gruppe hat uns nicht nur aus diesem Grund viel bedeutet. So haben wir uns sehr dafür engagiert, daß sie lebendig ist und bleibt, was nicht immer einfach war.

Durch die Gruppe haben wir eine ganze Reihe von Männern

kennengelernt, mit denen wir auch außerhalb der Treffen einiges unternehmen. Am beständigsten ist unsere Lesegruppe. Die Texte waren für uns häufig nur Sprungbretter, um uns gebündelt über unser Schwulsein und Alter auszutauschen. Viel kam zutage über die Verletzungen, die wir in unserem Leben davongetragen haben. Oft konnten wir uns aber auch ermutigen. Das traf auch auf unsere Unternehmungen in der Szene zu. Wir sind oft zu mehreren zu Diskos oder in Lokale gegangen, wo wir uns allein sicher weniger wohlgefühlt hätten. Zu mehreren störten wir uns weniger daran, daß die Szene auf Jüngere ausgerichtet ist. Wir konnten es so leichter ertragen, die »Alterspräsidenten« zu sein. Das ändert aber nichts daran, daß wir Szeneangebote vermissen, die unseren Bedürfnissen als Ältere stärker entgegenkommen. Das ist allerdings nicht ganz einfach: Es gibt durchaus Lokale, die sich speziell an Ältere wenden. Aber in einigen von ihnen habe ich das Gefühl, schon am Rande des Grabes zu stehen. Wir haben uns in der Gruppe etliche Male Gedanken gemacht, was wir an der Szene verändern könnten, ohne zu überzeugenden Lösungen zu gelangen.

10

Fitness & Wellness

zwischen Werbung und Realität

Der Markt an vermeintlichen Wundermitteln gegen Alterserscheinungen und -krankheiten ist groß. Diverse Studios bieten von altchinesischen Heilkünsten bis zum Hightech-Outfit alles, was den Body jung halten soll. Hinter den glitzernden und verheißungsvollen Werbeblättern steckt oft nur eine Wahrheit: Wer fit bleiben möchte, tut gut daran, möglichst viel rohes Obst und Gemüse und Vollkornprodukte zu sich zu nehmen, sich möglichst täglich in Bewegung zu setzen und ausreichend Ruhe und Schlaf zu gönnen. Wer dabei auch noch wenig Zucker und Fett und Drogen konsumiert, arbeitet vielen Zivilisationserkrankungen wirksam entgegen. Außerdem lassen sich diverse Risiken durch Vorsorgeuntersuchungen kleiner halten. Regelmäßiges leichtes Bewegungs- und Ausdauertraining ist den Erfahrungen nach besser als unregelmäßige Überforderung. Regelmäßiges Maßhalten beim Essen und Trinken sind besser als Diäten mit kurzfristigen Attacken auf's Fett – und auf den Rest des Körpers. Allenfalls Nahrungsergänzungen können im Mangelfalle sinnvoll sein. Um den Bedarf realistisch einzuschätzen, braucht man viele Kenntnisse, über die ein Laie nicht verfügt. Jedenfalls kann man ökonomischen und physiologischen Schaden davon tragen, wenn man Vitamine in Überdosierung zu sich nimmt. Das gilt auch für Vitamin E oder Q 10, das Modeenzym. Die Bioverwertbarkeit – also die effektvolle Ausnutzung der Stoffe – ist nach Meinung einiger Experten ohnehin bei naturbelassener Nahrung am höchsten. Frage einen Arzt deines Vertrauens, bevor du der Werbung auf den Leim gehst.

Spezielle Verjüngungsmittel sind eher mit Skepsis zu betrachten. Das gilt z.B. für Ginseng, dessen Wirkung in Studien immer wieder angezweifelt wird. Die medizinischen Untersuchungen zum Knoblauch dagegen sind positiv, zumindest wenn man der Arterienverkalkung entgegenwirken möchte und nicht unter Kreislaufproblemen leidet. Bei ernsthaften Problemen frage immer den Arzt. Wunder gibt es auch hierbei nicht.

Natürlich können Cremes u. dgl. bei zu trockener Haut durchaus wirksam sein, aber schlagartig jung wird man dadurch auch nicht. In der Werbung werden solche Maßnahmen eben überschätzt. Auch für Haut und Haare gilt, daß regelmäßige gesunde Ernährung sowie ausreichend Schlaf und Bewegung besser helfen als vermeintliche Wunderkuren. Nach Auskunft von Fachleuten hat die Industrie auch noch keine wirksamere Gesichtskur gefunden als die alte Quarkmaske. Weniger ist manchmal mehr! Fachgerecht eingesetzte unterstützende Präparate können Faltenbildung manchmal verzögern, aber nicht aus welker Haut einen Babyarsch machen. Es kann also sinnvoll sein, sich kosmetisch-medizinisch beraten zu lassen. Wer aber seine ganze Hoffnung auf die vermeintliche Verjüngung setzt, kann schwer enttäuscht werden. Bedenke auch, daß viele Alterungsprozesse genetisch bedingt sind und von dir kaum oder gar nicht beeinflußt werden können. Werbung, die an dieser Tatsache vorbeisieht, ist unrealistisch.

Die Schönheitschirurgie ist in den größeren Städten zu einem Boom gekommen. Die Meinungen über solche Eingriffe sind geteilt. Während bei größeren Verunstaltungen durchaus geholfen werden kann, sind die Operationen gegen natürliche Alterserscheinungen heftig umstritten. Vom Fettabsaugen bis zur Straffung wird ein breites und kostenspieliges Angebot an den Mann gebracht, über dessen Wirkung viele hinterher enttäuscht sind. Ohne fachgerechte Eingriffe zu verurteilen, läßt sich doch sagen, daß der Kampf der Chirurgen gegen das Altern Grenzen und manchmal schwere Nebenwirkungen hat. Wer gar keine stärkeren Mißbildungen zu verzeichnen hat, ist manchmal mit einer Psychotherapie besser bedient. Dadurch kann er vielleicht lernen, sich so zu mögen, wie er ist. Daß zudem nicht alle glatte Haut und symmetrische Konturen als Schönheitsideal haben, kommt hinzu. Ob jemand also für seine Zielgruppe dadurch attraktiver wird, kann oft bezweifelt werden.

Eine Ausstrahlung von innen heraus kann zudem nicht durch Operationen erwirkt werden. Sie entsteht durch ein ausgeglichenes Wesen, durch das Wohlgefühl mit sich selbst und seinem Leben. Auch können Antifaltenmittel nicht all die Folgen von zuviel Streß und exzessiven Drogenkonsum und Schlafentzug rückgängig machen. Ausgeglichenheit gibt es nicht aus der Tube! Überlege dir also gut, welche Maßnahmen du ergreifen möchtest. »Forever young« wird in keinem Fall gehen, ganz gleich, wieviel Geld du dafür investierst. Aber Schönheit kann man in allen Altersstufen erblicken. Falls du dich doch für Eingriffe entscheidest, frage vorher Bekannte und einen Arzt um Rat! Bei einem schwulen Hautarzt kannst du dich informieren, bevor du vermeidbare Risiken eingehst. Ich habe schon oft erlebt, daß der Arzt abgeraten hat und eine psychologische Beratung empfohlen hat. Und dadurch konnte vielen geholfen werden, die vorher meinten, nur durch schwerwiegende Eingriffe in ihren Körper wieder zufrieden leben zu können.

Ausreichende Bewegung ist nicht nur allen Körperfunktionen dienlich, sondern erwirkt auch Entspannung und ein angenehmes Körpergefühl.

In den Städten gibt es schwule Sportvereine. Kontakt bekommst du über die Schwulengruppen vor Ort oder in den nächstgrößeren Städten. Diese Vereine bieten auch Sportarten an, die gut für das höhere Lebensalter geeignet sind, z.B. Tai Chi, eine Art meditativer und pantomimischer Gymnastik, die den Kreislauf harmonisieren soll, die Haltung verbessert und entkrampft sowie Bänder und Gelenke kräftigt. Chi-Gong dient der Selbstvitalisierung und umfaßt Körper-, Atem- und Meditationsübungen. Aber auch Yoga, Rückenschule und Wassergymnastik sind gerade für die hohen Jahrgänge sehr geeignet.

Aus Büchern kann man das allein nicht lernen, da sich beim Ungeübten ungesunde Haltungen und Überlastungen einschleichen, die nur ein qualifiziertes Trainerauge erkennt und beständig korrigiert. Viele Sportvereine bieten auch spezielle Gymnastik für Ältere sowie Herz- oder Wirbelsäulensportgruppen. Schwule Meditationszirkel können hilfreich sein, wenn du Entspannung und Ruhe suchst. Die schwulen Sportvereine haben auch Gruppen für HIV-Positive, in denen besonders darauf geachtet wird, daß sich niemand überlastet. Außerdem gibt es Schwimmgruppen, die ebenfalls sehr geeignet sind – beide Sportarten haben den Vorteil, die Gelenke nicht zu strapazieren. Schwimmen hat einen guten Herz-Kreislauf- und Muskelaufbau-Effekt.Viele Gruppen bieten auch Radeln mit nur leichter Belastung sowie Wandern an. Falls du nicht fündig wirst, sprich doch einmal mit jemandem vom schwulen Sportverein, ob es Möglichkeiten gibt, einen Aushang zu machen, um eine Gruppe zusammenzutrommeln und einen Lehrer zu finden.

»In meinem Alter kann man nichts Neues mehr lernen«

Dieser Irrtum gilt in der Lernpsychologie sehr weitgehend als widerlegt. Schon immer gab es Beispiele von äußerst agilen Menschen, die bis ins hohe Alter lernbereit waren. Manche beginnen mit über sechzig noch ein Studium, andere ein Instrument zu spielen. Auf manchen Kongressen sieht man Referenten, die über achtzig sind und sich noch laufend mit neuen Forschungen auseinandersetzen, Vorträge halten und Seminare geben.

Also gibt es Alltagserkenntnisse und auch wissenschaftliche Bestätigungen für unsere Behauptung, daß Lernfähigkeit nicht grundsätzlich mit dem Alter schwindet. Allerdings kann man Lernen auch verlernen. Außerdem wird für materiellen Wohlstand alltäglich geworben, während der innere Wohlstand mangels Lobby vernachlässigt wird. Wer meint, mit der Lehre und dem Studium sei das Lernen abgeschlossen und nun gehe es nur noch um die Verwertung des einmal Gelernten, der gewöhnt sich die Neugier endgültig ab. Und die braucht's zum Wachbleiben. Und ein gewisser Lernwille wiederum ist erforderlich, um mit Menschen in Kontakt zu treten und sich in der Welt, namentlich der sich wandelnden schwulen Welt, zurechtzufinden.

Gottlob kann Lernen neu gelernt werden. In jedem Alter. Dazu ist die Bereitschaft erforderlich, sich zu überwinden und Ausdauer aufzubringen. Schließlich mußt du bereit sein, die Vorteile des Verharrens aufzugeben. Diese Vorteile sind z.B.:

- Bequemlichkeit
- Alles in seine Weltsicht einordnen zu können
- Wissen, wo es langgeht
- Wissen, was der richtige Weg ist
- Wissen, welche Menschen ›gut‹ und welche ›schlecht‹ sind

– Wissen, was andere besser machen sollten

Lernen schafft Unsicherheit, Verharren dagegen Sicherheit. Wer lernt, dem bleibt die alte sokratische Erkenntnis selten erspart: »Ich weiß, daß ich nichts weiß!« Wer dagegen meint, die Weisheit bereits gepachtet zu haben, der kommt sich allwissend vor. Nur: Er hat keine Möglichkeit mehr, sich in verändertem Umfeld zurechtzufinden, und er fordert Veränderung von anderen, statt selbst noch offen für Neues zu bleiben. Zu welcher Gruppe möchtest du gehören?

Wenn du bereit bist, die Nachteile des Neulernens zugunsten der damit verbundenen Vorteile in Kauf zu nehmen, hier ein kleines Aktivprogramm:

1 Höre einen Jugendsender im Radio! Wichtig: Laß die Musik und die Beiträge konzentriert auf dich wirken. Wer sich nicht überwinden möchte, sich auf das Ungewohnte längere Zeit einzulassen, der bleibt wie er ist.
2 Suche Kontakt zu jüngeren Menschen, z.B. in Vorträgen oder Vorführungen. Ich meine an dieser Stelle keinen Sexualkontakt, sondern geistigen Austausch. Orientiere dich erst einmal, bevor du etwas verurteilst. Bedenke: Du willst etwas lernen – das ist etwas anderes, als Menschen zu belehren mit dem, was du schon seit Jahrzehnten weißt. Wer die Welt nicht mehr versteht, kann das geduldig lernen. Verändern wird er sie aber nicht.

3 Besuche Veranstaltungen von Parteien, die du ablehnst.

4 Lese morgens Zeitung und versuche einmal, das, was du am wenigsten am modernen Leben verstehen kannst, aus Sicht junger Leute zu beschreiben. Wenn du dir innerlich sagst: »Unmöglich, was die heute machen!«, dann halte an, atme tief durch und mache dir bewußt, daß das sehr wohl möglich ist.

Ob du das, was du bisher für unmöglich gehalten hast, auch verstehen lernst, liegt an dir. Die Jugend wird sich in keinem Fall darum kümmern. Warum auch? Schließlich geht es hier um Meinungen, und die sind bekanntlich nicht richtig oder falsch, sondern dem einen *erscheinen* sie angemessen, dem anderen nicht.

5 Kaufe ein schwules Magazin, das du sonst eher befremdend findest. Lese dich einmal in die Welt von Ledermännern oder falls du einer bist, in die Welt von Kuschelsexfreunden ein. Öffne dich einmal für etwas völlig Neues. Versuche, Lebensweisen zu verstehen, die dir fremd sind. Beobachte deine Gefühle dabei! Wann immer du heftig mit Abneigung, Wut oder Angst reagierst, beginne, dagegen anzuarbeiten. Diese Gefühle werden nicht durch den anderen Lebensstil verursacht, sondern durch deine Bewertungen desselben. Beweis: Diejenigen, die anders leben, erfreuen sich daran. Du brauchst diese Empfindungen nicht zu teilen. Aber sobald du den Lebensstil anderer stark bewertest und demzufolge unangenehm in Wallung gerätst, bist du Opfer deiner rigiden Wertvorstellungen. Wende unsere Einsichten jetzt an: Nichts ist »richtig« oder »falsch«, anderes ist anders, sonst nichts. Schreibe auf, warum du meinst, daß andere nicht so sein sollen, wie sie sind. Und widerlege deine eigenen Argumente Schritt für Schritt. Bis du akzeptierst, wie die anderen leben – auch wenn du selbst das nicht magst. Nebenwirkung: Du wirst auch aufhören, dich selbst streng zu bewerten. Wer glimpflich mit anderen umgeht, macht das auch mit sich selbst – und umgekehrt. Wenn du deine Wertmaßstäbe in Frage stellst, wirst du zu mehr Toleranz gelangen. Mit Toleranz meine ich nicht nur das Verhalten, andere sein zu lassen, wie sie sind – ich meine das wirkliche innere Verstehen.

Gedächtnisverlust?

Zum Lernen gehört sicher auch das Gedächtnis, von dem die meisten glauben, daß sie daran im Alter zwangsläufig ein zubüßen haben. Die Psychologinnen Becca Levy und Ellen Langer (Harvard) stellten fest, daß schon in den Köpfen sechsjähriger Kinder solche Vorurteile über »die senilen Alten« herumspuken. Da lag die Vermutung nicht fern, den Verlust des Erinnerungsvermögens als Hirngespinst zu untersuchen. Tatsächlich fanden die beiden Psychologinnen heraus, daß geistiger Verfall nicht unbedingt Folge des Alters ist. So wurden Gedächtnistests mit verschiedenen Versuchsgruppen durchgeführt: Mit Chinesen, bei denen ältere Menschen den Ruf haben, weise zu sein und auch sonst hohes Ansehen genießen, und mit US-Amerikanern, die die für westliche Länder typische negative Einstellung gegenüber dem Alter haben. Ergebnis: Die alten Chinesen übertrafen die Amerikaner in den Gedächtnistests bei weitem.

Die Forscherinnen folgern aus ihrem Ergebnis, daß Gedächtnisschwund kein unausweichbares Schicksal ist und biologisch allein nicht erklärt werden kann. Die negativen Stereotypen über das Alter bewirken demzufolge, daß das eintritt, was man glaubt – also sich selbsterfüllende Prophezeiungen. Schlußfolgerung: Sich nicht durch gängige Klischees vom Altern beeinflussen lassen; erstmal abwarten und die gegebenen Möglichkeiten nutzen. These: Vielleicht ziehen sich alte Menschen von geistigen Aktivitäten ebenso zurück wie von sportlichen oder sexuellen, weil die Gesellschaft ihnen einredet, daß sie zu allem nicht mehr in der Lage seien.

11

Problemzonen

Gespräche und Übungen gegen Missmut

Bert ist 52. Er befürchtet, von seinem etwa gleichaltrigen Freund verlassen zu werden und dann »wegen meines Alters ewig allein bleiben zu müssen. Katastrophe!« Wenn wir uns in Katastrophendenken ergehen, genügen manchmal ein paar gezielte Fragen, um eine Umkehr zu bewirken.

R.W.: Was genau fändest du so katastrophal?
Bert: Daß ich dann allein bin.
R.W.: Ich verstehe, daß das zunächst äußerst schmerzlich für dich wäre. Was aber wäre katastrophal?
Bert: Tja, ich finde, das reicht doch!
R.W.: Wozu?
Bert: Um diese Angst zu haben.
R.W.: Du meinst, du reagierst zwangsläufig mit so hoher Angst?
Bert: Nee, gut ist das bestimmt nicht, also ich steigere mich da schon rein und sehe dann schwarz.
R.W.: Welche deiner Befürchtungen hältst du denn für zu schwarz?

Bert nannte nun diverse Befürchtungen. Und als er sie der Reihe nach durchging, fiel ihm auf, wie selbstzerstörerisch und überzogen seine Schwarzmalerei war. Er erzählte nun: »Eigentlich war ich ja noch nie so aufgeschmissen, wie ich mich dann fühle. Es ging immer weiter. Warum sollte das jetzt auch anders sein. Klar ist mir das unangenehm, aber jetzt denke ich wirklich nach, was die Katastrophe daran sein soll. Ich habe doch so vieles... Und warum sollte ich später nicht wieder einen Freund finden.«

Als Übung schlug ich ihm vor, zu Hause alle seine Befürchtungen mit schwarzem Stift auf die linke Seite eines Blattes aufzuschreiben und auf der rechten Seite seine Widerlegungen der »Schwarzsicht« in blau zu fassen. Bei längeren Beratungskontakten bespreche ich die dann in der nächsten Stunde. Bert konnte sich erfolgreich selbst helfen.

»Ist mit der Jugend nichts mehr los?«

Herr L. (52) ärgert sich über die Unzuverlässigkeit seiner jungen schwulen Mitarbeiter und Kollegen. Ein Generationsproblem? Dann müßten ja alle Älteren so reagieren. Herr L. entschloß sich zu einer längeren Auseinandersetzung mit sich selbst.

R.W.: Könnte sich auch jemand sagen: »Wie schön, daß die Kollegen so locker drauf sind?«
Herr L.: Ja, so sehen das auch viele!
R.W.: Leiden die auch?
Herr L.: Nein, dann sicher nicht.
R.W.: Okay, so jemand hat also Ihr Problem nicht. Wenn man das, was die Kollegen tun, anders sieht, dann reagiert man mit anderen Gefühlen. Möchten Sie das lernen?

Herr L.: Aber man muß sich doch auch durchsetzen, wenn man eine Abteilung unter sich hat.
R.W.: Haben alle älteren Abteilungsleiter Magenschmerzen?
Herr L.: Nein, nein. Das stimmt. Aber bei mir ist das, weil ich diese Angst vorm Versagen habe.
R.W.: Meinen Sie, Sie bräuchten Ihre Wut gar nicht mehr, wenn Sie diese Angst nicht hätten?
Herr L.: Ja. Da ist wohl was dran. Vielleicht ist das eher meine Angst, das nicht mehr zu schaffen. Ich hab' das so noch nie sehen wollen. Das war wie hinter einer Nebelwand.
R.W.: Wenn die anderen schlecht sind, wobei hilft Ihnen das?
Herr L.: Ja, ich weiß, dann erscheine ich selbst mir besser und größer.
R.W.: Bedeutet das, Sie finden sich selbst schlecht?
Herr L.: Ja, wegen des Alters, ich glaube das ist mein Problem.
R.W.: Sie meinen, wenn Sie sich dann als so einen alten Zwerg ansehen und Ihre Kollegen als riesengroß, dann soll der Riesengroße wenigstens ein Riesenschwein sein?
Herr L.: Ja, das Bild faßt das zusammen, ich glaube, das werde ich behalten.

Herr L. hat mit dieser Metapher weiter gearbeitet und beschlossen, sich das immer wieder vor Augen zu führen.

Statt die jungen Kollegen bildlich zur Sau zu machen, schafft er es nun, seinen Ärger anzuhalten und sich seinem eigenen Problem zuzuwenden, um seine Vorstellung vom nicht geachteten oder gar nutzlosen ›Alten‹ noch weiter abzubauen.

Herr L. lebt heute wieder zufrieden unter seinen zumeist jungen schwulen Kollegen und auch Freunden. Und er hat sich davon überzeugt, daß er ein geschätzter und erfahrener Chef ist, der sich bis vor kurzem seiner Autorität selbst beraubt hatte. Später sagte er: »Die härteste Übung für mich war, überhaupt in Erwägung zu ziehen, daß ich es selbst bin, der sich Probleme macht. Meine Freunde hatten mir vorher immer bestätigt, daß mit der Jugend eben nichts mehr los ist. Das war Wasser auf meine Mühlen! Und ich hab' mich dadurch prima von meinen eigenen Problemen ablenken können. Nur, daß sie immer größer wurden.«

Die Warum-Übung

Nehme dir eine der Situationen vor, in denen du besonders verärgert über die Jüngeren/die Älteren/die Gleichaltrigen reagierst. Stelle dir diese Situation genau vor.

1 Versetze dich in die Rolle der beteiligten Person, die der Anlaß für deinen Ärger sind. Schreibe jetzt aus Sicht dieser Person alles auf, was sie bewogen haben mag, sich auf diese Weise zu verhalten.

2 Nun spreche so, als wärest du diese Person und begründe, warum du dein Verhalten als diese Person völlig in Ordnung findest!

3 Spreche mit Freunden darüber. Sammle die nächsten Wochen alle Argumente, warum dein Ärger selbstschädigend ist und warum die andere Person sich so verhalten darf, wie sie es tut. Sammle ausschließlich Argumente dafür, warum es sogar sinnvoll sein kann, sich zu verhalten wie diese Person!

4 Fasse das Ergebnis dieses Monats zusammen und besinne dich wieder darauf, wozu dir dein Ärger nützt. Dann arbeite weiter an dem Problem, von dem du dich mit deinem Ärger ablenkst.

Altersscham

Herr B. war fast fünfzig und genoß es, in Diskos zu gehen. Andererseits meinte er aber, dafür zu alt zu sein. Er schämte sich dann, und aus dem Spaß wurde immer wieder Scham. Wem es ähnlich geht, dem kann unser Gespräch Anregungen bieten.

R.W.: Sie betreten die Diskothek und befürchten, die Leute könnten Sie jetzt ansehen und über Ihr Alter reden und lächeln?
Herr B.: Ja, genau.
R.W.: Das bedeutet für Sie was?
Herr B.: Das mag ich nicht.
R.W.: Ist »nicht mögen« und »entsetzlich« das gleiche?
Herr B.: Nein, aber hier habe ich eben tausend Befürchtungen zusätzlich.
R.W.: Welche denn?
Herr B.: Im Grunde fürchte ich das Lachen oder Lächeln von einzelnen jungen Typen nur.
R.W.: Was fänden Sie daran entsetzlich?
Herr B.: Dann würde ich mir ganz unbedeutend und häßlich vorkommen.
R.W.: Das verstehe ich sehr gut. Ich verstehe noch nicht, wodurch Sie plötzlich unbedeutend und häßlich werden, falls da einer lacht? Wären Sie das nicht, wenn keiner lacht?
Herr B.: (überlegt lange) Tja, stimmt schon.
R.W.: Was?
Herr B.: Daß ich ja der gleiche wäre, egal ob einer lacht oder nicht. Verblüffend… weil da ja im Grunde gar nichts passiert, daß das alles nur in meinem Kopf abläuft. Entweder ich bin schon vorher daneben, oder ich bin das auch hinterher nicht. Vielleicht muß ich lernen, mich unabhängig davon zu betrachten.

R.W.: Unabhängig wovon?
Herr B.: Davon, wie andere Leute, die mich ja nicht mal kennen, reagieren.
R.W.: Gute Idee. Wie machen Sie denn das, bevor sie Ihre Befürchtungen haben?
Herr B.: Weiß nicht.
R.W.: Halten Sie sich jetzt für daneben?
Herr B.: Nee, nee! Jetzt sag' ich mir, das ist ja Geschmackssache, und einige stehen ja auf Ältere und so weiter.
R.W.: Das weitere notieren Sie mal! Schreiben Sie mir bitte zum nächsten Mal auf, was Sie sich in genau dieser Situation sagen können, um unabhängiger davon zu werden, was andere über Sie denken könnten.

Herr B. schrieb sich seine persönliche Unabhängigkeitserklärung auf Karteikarten und trug diese eine Weile immer bei sich, wenn er loszog. Im Notfall guckte er sie sich auf dem Klo an, wenn er sich dabei ertappte, sie zu vergessen und sich schämte. Er zapfte dadurch die Kraft an, die er bei klarem Kopf bereits besaß. Ich habe ihm eine *Impfung gegen den Streß* empfohlen: Er sollte seine Musikanlage aufdrehen und tanzen. Und sich nun vorstellen, was er manchmal in der Disko befürchtete. Seine starken Gedanken auf den Karteikarten sollte er nun gegen die laute Musik anbrüllen und sie unter der körperlichen und akustischen Vereinnahmung seiner Sinne dennoch hervorbringen. Er trainierte einige Male mit dieser Übung, und seine Antischam-Gedanken gingen ihm im Rhythmus der Musik förmlich Fleisch und Blut über.

Rollentausch: Wie man die Kraft der Freunde anzapft

Wer sich wegen seines Alters schämt und ängstigt und keine eigene Kraft entgegenzusetzen weiß, kann sich mit einem Trick behelfen, den auch Herr B. verwendet.

R.W.: Kennen Sie jemanden persönlich, von dem Sie wissen, der sieht das ganz anders und fühlt sich anders?
Herr B.: Ich denke doch.
R.W.: Dann stellen Sie sich diese Person jetzt einmal in der Situation neben sich vor, als Ihren Schatten.
Herr B.: Mmh.
R.W.: Und nun erzählen Sie mir einmal, was der sich in genau diesem Moment wohl sagt.
Herr B.: Der Klaus, tja, der sieht das ganz easy.
R.W.: Nämlich wie?
Herr B.: So daß er sich sagt, was soll's? Mir kann hier ja nichts passieren, laß die doch gucken!
R.W.: Dann bleiben Sie nochmal im Bild in der Saaltür und schreiben Sie jetzt einmal alles auf, was Ihr Schatten sich sagt, um sich besser zu fühlen!
Herr B.: (schreibt) Die können mir gar nichts. Was soll mir schon passieren? Warum sollte ich denn Angst haben? Wahrscheinlich beachten die mich gar nicht. Ich habe ja viele Freunde, also so ein komischer Typ kann ich gar nicht sein.
R.W.: Stellen Sie sich ihren Schattenmann, der das ja anders angeht als Sie bisher, bitte genau vor: Welche Körperhaltung er hat, wie er atmet, welchen Gesichtsausdruck er hat. Was sagt er sich?
Herr B.: Ja, das ist gar nicht so leicht, das so schnell zu wiederholen.
R.W.: Und Ihre bisherigen Gedanken?

Herr B.: Die sind gleich schnell da.
R.W.: Was folgt daraus, wenn Sie von Ihrem Schatten lernen möchten?
Herr B.: Daß ich das schneller schaffen müßte.
R.W.: Wie das?
Herr B.: Durch mehr Übung

Übung: Selbstkonfrontation

Dazu ist folgende Übung nützlich: Schreibe alle alten Befürchtungen untereinander auf ein Blatt. Zerschneide das Blatt, so daß du Zettel mit jeweils einer Befürchtung erhältst. Mische sie vor jedem Übungsdurchlauf durch und konfrontiere dich damit plötzlich. Mehrfach täglich! Bis du es schaffst, auf jede einzelne Befürchtung kraftvoll und zügig zu reagieren und sie plattzumachen. Nimm deine Konfrontationsübungen zur Verstärkung auf Kassette auf und schätze täglich deine Fortschritte ein. Wenn du es schaffst, spontan und mit überzeugender Stimme jede Befürchtung abzuwehren, bist du ein Stück weiter. Erweitere deine Zettel, bis du all deine Befürchtungen erfaßt hast, und trainiere weiter. Und bedenke: Im Ernstfall des Lebens ist das schwerer als in der Übung. Mach dich also nicht runter, wenn dir das nicht gleich gelingt. Eine alte japanische Weisheit sagt: »Fürchte dich nicht vor dem langsamen Vorwärtskommen, sondern nur vor dem Stehenbleiben.«

Was tun bei Trauer?

Trauer ist eine angemessene Reaktion auf Verlusterlebnisse. Könnten wir nicht trauern, wären uns Menschen egal. Werden wir älter, erleiden wir vermehrt solche Verluste. Viele Menschen lassen ihre Trauer nicht zu Deprimiertheit und Hoffnungslosigkeit werden, indem sie sich in schlimmen Tagen bewußt machen:

– daß Trauer langfristig überwindbar ist
– daß ein Verlust auch einen Neubeginn bedeuten kann
– daß ein Verlust möglicherweise unrealistisch hoch eingeschätzt wird
– daß möglicherweise nur auf den Verlust geschaut wird und damit Alternativen zu dem erlittenen Verlust übersehen werden

Wer sich wappnen möchte, stelle sich folgende Fragen:

1 Auf welche Weise hast du früher einen solchen Verlust verkraftet? Viele beschreiben daraufhin einen Umorientierun gsprozeß, aus dem sie Anregungen für die Verwindung ihres Verlustes ziehen können. Ich lasse diese auflisten und daraus konkrete Aktivitäten ableiten.

2 Ich kann nachvollziehen, daß du den Verlust als sehr schwer erlebst. Gucken wir mal in die Zukunft: Gibt es neue Möglichkeiten, die du vorher nicht nutzen konntest?

3 Gab es auch Dinge an Verlust X, die du gar nicht mochtest? Manchmal wird darauf erwidert: »Von Toten soll man nur Gutes sagen.« Wer hat sich das bloß ausgedacht? Sieht man einmal davon ab, daß ich gar nicht beurteilen kann, was ein »guter Mensch« ist, weil der Mensch sehr vielschichtig ist und ich seinen Wert nicht nach meinem Gutdünken bestimmen möchte, so sehe ich keinen Grund, warum mir nach einem Verlusterlebnis andere Dinge an einer Person gefallen oder nicht gefallen

sollen als zuvor. Wenn ich im nachhinein nur die Seiten einer Person betrachte, die mir gefallen haben, so steigere ich den Verlust noch unrealistischerweise. Wozu?

4 Hilft es jetzt, nur auf den Verlust zu schauen? Welche anderen Möglichkeiten hast du, um den Verlust besser zu verkraften und dir neue Ziele zu setzen?

Herr D., ein Ratsuchender, der seinen Partner verloren hat, stellte die Frage: »Meinen Sie, ich werde das verkraften können?«
R.W.: Was meinen Sie, wovon das abhängt?
Herr D.: Na ja, ob ich jetzt den Kopf hängen lasse oder mir sage: Gute Miene machen!
R.W.: Sie meinen nur mit guter Miene können Sie Ihren Verlust verwinden?
Herr D.: Eigentlich rede ich Blödsinn, wenn Sie so fragen.
R.W.: Weil?
Herr D.: Weil man ja auch trauern kann ohne daran zugrunde zu gehen.
R.W.: Verstehe ich Sie richtig, daß Sie meinen, Sie werden das schaffen?
Herr D.: Ja, ich glaube schon. Ich hab übertrieben. Aber es ist ganz schwer für mich jetzt.
R.W.: Das verstehe ich gut. Möchten Sie noch ein wenig weiter gucken, wie Sie diesen Verlust besser verarbeiten können?
Herr D.: Ich sage mir, ich kann jetzt nicht nur klagen, ich habe ja auch allerhand, was mich befriedigt.
R.W.: Sie finden an vielem also noch Gefallen – woran genau?
Herr D.: Mein Beruf, meine Musik, meine Freunde. Ich sage mir dann: Trauer ist nicht alles.
R.W.: Gut! Wobei nun meinen Sie, könnten Sie noch ein wenig besser zurechtkommen?

Herr D.: Ich trauer' soviel. Kann man sich nicht trotzdem mehr ablenken? Vor allem, was kann ich an den einsamen Abenden tun, wenn meine Freunde gegangen sind?
R.W.: Was tun Sie denn bisher?
Herr D.: Ich heule oft, und dann bleibe ich bei meinen Gedanken an die Zeit mit meinem Freund und denke, es war doch alles so schön.
R.W.: Alles?
Herr D.: Äh, nein, nein, nicht alles. Da mache ich mir auch was vor. Ja, ich färbe schön. Das macht alles schlimmer.
R.W.: Und realistisch besehen, hatte Ihre Beziehung da nur Vorteile?
Herr D.: Bestimmt nicht.
R.W.: Welche Nachteile hatte Ihre Beziehung denn?
Herr D.: Tja, ich kann das gar nicht sagen.
R.W.: Was können Sie nicht sagen?
Herr D.: Na es gefällt doch jedem etwas nicht am Partner, oder?
R.W.: Und was hat Ihnen nicht gefallen?
Herr D.: Sie wollen, daß ich mich durchringe, das zu sehen, nicht?
R.W.: Wollen Sie lieber nur den Verlust sehen?
Herr D.: Nein, nein. Ich tue mich nur schwer.
R.W.: Deshalb frage ich immer wieder nach.
Herr D.: Ja, in Ordnung. Also, ich muß jetzt mal durchatmen und dann los! Ich sehe schon, daß wir viele Nervereien hatten und auch Streit. Das will ich vielleicht nur ungern wahrhaben, weil wir so eine Vorzeigebeziehung waren bei Freunden. Aber es stimmt. Ich sollte diese Fassade bröckeln lassen.

Die »Bester-Freund«-Übung

Mit dieser Technik kann das Eigenpotential zur zielführende(re)n Einschätzung von Situationen aktiviert werden.

Zugleich ist diese Technik Symbol dafür, sich selbst guter Freund zu werden.

Wenn du ein mieses Gefühl spürst, frage dich, auf welche Weise du dich jetzt negativ bewertest oder deine Lebensmöglichkeiten schwarzmalst, stelle dir vor, genau das erzählt dir dein bester Freund. Schreibe ihm einen Brief. Gibst du ihm die gleichen Ratschläge wie dir selbst? Und wie wäre es, wenn du die Ratschläge, die du ihm gibst, auf dich und dein Leben anwendest?

Die »Schlimmste-Folgen«-Übung

Bei dieser Übung geht es darum, dir einmal die schlimmstmögliche Konsequenz, die du befürchtest, genau vorzustellen. Und was wäre daran so entsetzlich? Als weitere Aufgabe bitte ich:

»Überlege dir einmal grundsätzlich, was du für dich oder andere am entsetzlichsten fändest. Etwas, das dir oder anderen zustoßen kann. Diese Beispiele bewertest du mit 100. Dann überlege dir einige Ereignisse, die du nur ein wenig unangenehm fändest, diese Beispiele stehen bei zehn. Und dann suche dir noch Beispiele für 50. Jetzt ordnest du die Dinge, die du in deinen Beispielen befürchtet hast, dieser Skala zu.«

Vielen wird dabei deutlich, daß Sie in der Situation selbst die Verhältnismäßigkeit aus den Augen verlieren, und beginnen daraufhin, realistischere Bewertungen vorzunehmen. Und diese lernen sie auch in Problemsituationen anzuwenden.

Vorbeugung gegen Verletzungen

»Mich verletzt es, wenn die Jüngeren mich in Homosexuellenbars ignorieren. Das zeigt doch, daß wir zum alten Eisen gehören.« Mit diesen Worten eröffnete Joseph (60) unser Gespräch. Ich sagte: »Zunächst fällt mir auf, daß Sie Ihr Alter als Grund anführen, warum Sie nicht beachtet würden. Wenn dem so wäre, könnten Sie gar nichts machen, denn Ihr Alter können Sie nicht ändern. Nun besprachen wir, Josephs Art und Weise, auf Menschen zuzugehen.

1 Solange jemand glaubt, wegen seines Alters keinen Kontakt finden zu können, wird er wahrscheinlich keinen finden. Einziger Ausweg ist: Diesen Irrglauben aufzugeben.

2 Solange jemand glaubt, die anderen müßten sich anders verhalten, damit er Kontakt findet, wird er lange warten müssen. Er verspielt damit die Chance, das ihm Mögliche zu tun, um seine Kontakte zu verbessern. Lernen wir statt dessen zunächst, daß die Menschen in der Regel nicht zu verändern sind – Leute, die wir nicht kennen schon gar nicht. Aber: Es gibt kein schlechtes Wetter, allenfalls unpassende Kleidung! Soll sagen: Ich kann mit großer Wahrscheinlichkeit lernen, mich auf die Menschen einzustellen, statt sie anzuklagen. Dazu muß ich ihnen zugestehen, daß sie eben ihre Gründe haben, so zu sein, wie sie sind. Hier liegt auch schon ein wichtiger Punkt zum Kennenlernen: Wer möchte schon Kontakt zu jemandem, der ihm sogleich bedeutet, daß er sich erstmal verändern müßte?!

3 Wer Menschen kennenlernen möchte, muß dies auch kenntlich machen.

Eine der leidigsten Szenen in meiner Beratertätigkeit erlebte ich durch zwei meiner Besucher, die bei mir Termine nacheinander hatten: Einer war Mitte Zwanzig, der andere Mitte Sechzig. Sie sahen sich zuvor in unserem Café. Beide fuhren aufeinander ab. Das hatte ich inzwischen ihren Schilderungen entnommen. Beide waren überzeugt, der jeweils andere habe für ihn nichts übrig. Für den Jüngeren war klar, daß der Ältere ihn für viel zu jung hält, und der Ältere »wußte« wieder einmal, daß er viel zu alt sei. Beide meinten, dies hundertprozentig am Verhalten des anderen zu erkennen. An den kurzen Blicken, am schnellen Weggucken usw. Daraufhin habe ich den beiden eine Aufgabe gestellt, die sicher für viele von Nutzen sein wird:

Wenn du im Café bist, unterbrich alle Gedanken, die du üblicherweise denkst! Rufe dir zuallererst die Erkenntnis ins Gedächtnis: »Ich weiß nichts über den anderen. Ich weiß nichts darüber, welche Möglichkeiten alte oder junge Menschen haben, jemanden aus einer anderen Altersgruppe kennenzulernen.« Statt dessen mache dir klar: »Nur wenn ich nichts, aber auch gar nichts von vornherein unterstelle, was einem Kontakt im Wege steht, kann ich meine Möglichkeiten optimal nutzen. Ich weiß auch nicht, ob das gelingen wird. Bin ich bereit, die Chance zu nutzen, selbst wenn sie gering wäre? Ja! Also werde ich jetzt in Blickkontakt gehen, egal, was ich denke, was der andere denkt. Und egal, ob der den Blickkontakt sogleich erwidert. Vielleicht hat der ja genausoviel Schiß wie ich! Warum eigentlich? Nur durch Versuch und Irrtum kann ich herausfinden, welche Chancen ich habe.«

Ich überprüfte, wie sich solche Überzeugungen im Verhalten

ausdrücken. Mit überraschenden Ergebnissen! Beiden wurde nämlich dabei schon klar, wie sehr sie durch ihre Vermutungen den Kontakt blockiert hatten: Durch Abwendung, Vergraben in der Zeitung, Weggucken, sich nur nichts anmerken lassen, bloß nicht lächeln, starrer Miene usw. Manchmal kann einem auch ein Freund helfen, indem er uns beobachtet und uns rückmeldet, was ihm aufgefallen ist. Dann können wir gezielt darangehen, unsere kontakthemmenden Verhaltensweisen aufzugeben. Wenn wir starke Angst vor Ablehnung haben, können Gespräche in einer Schwulenberatung oder mit einem Therapeuten helfen, sie zu überwinden.

12

Neugeboren mit über 50

der späte Sprung ins warme Wasser

Fast alle älteren Schwulen, die ich in ihrer Coming-out-Zeit kennengelernt habe, mochten nicht glauben, daß sie noch ein schwules Leben vor sich haben. Und dann begannen sie doch tiefgreifende Veränderungen in ihrem Leben vorzunehmen und dabei unerwartet Erfolge zu haben. Ihnen allen war gemeinsam, daß sie ein Leben in gewohnten Bahnen führten und sich nur schwer davon lösen mochten. Sie hielten das sogar für unmöglich – und belehrten sich selbst eines Besseren. Das »normale« Coming-out kam für sie nicht in Frage. Sie wollten nicht mit Teens und Twens zusammensitzen und auch nicht durch die Szene geistern. Sie trugen eine schwere Last: Sie hingen an ihrer gewohnten Umgebung, aber litten auch sehr an ihr. Wenn du ein solcher Spätzünder bist, möchte ich dich herzlich begrüßen. Schön, daß du Veränderungen planst, wenn dich dein jetziges Leben nicht (mehr) ausfüllt. Laß dir gesagt sein, daß Coming-out in jedem Alter möglich ist. Auch wenn es unglaublich klingt: Ich habe viele Männer betreut, die schon über die Siebzig waren und dennoch die entscheidenden Schritte eingeleitet haben.

Keine Angst: Ein spätes Coming-out ist kein Sprung ins kalte Wasser, sondern eine behutsame Angelegenheit. Es gibt kein

Schema dafür, sondern sehr persönliche Wege. Welche neuen Erfahrungen du machen wirst und in welchem Tempo, das bestimmst du selbst. Manche erleben ein wenig schwule Gesellschaft nebenher, andere trennen sich von ihrer Frau.

Erwin war schon 78, als er zu mir Kontakt aufnahm. Seine Frau ging an Wochenden manchmal auf Reisen. Erwin rang nach Worten, umschiffte immer wieder das für ihn Unaussprechliche, bis er mir plötzlich reinen Wein einschenkte: »Ich gehe an diesen Wochenenden in die Stadt. Am Bahnhof habe ich mir vor zwei Jahren so einen Bengel aufgegabelt. Irgendwas hat mich dort immer wieder hingezogen. Und jetzt brauche ich das.« Erwin dachte nicht an Trennung, er war mit seiner Ehe sehr glücklich, sah sie aber eher als platonische Freundschaft. Nun hatte er Gewissensbisse – aber auch einen starken Willen: »Ich habe mir gesagt, wer weiß, wie lang du noch hast. Und so hab' ich wenigstens noch was erlebt.«

Erwins Coming-out war plötzlich da. Er konnte sich das nicht erklären: »Ich glaube, ich hab' das verdrängt. Ich hab'auch mal gelesen, daß Ältere auf einmal auf junge Bengels können. Ich glaube, bei den Griechen war das so. Da ist ja sogar die Weisheit der Alten durch die Samen auf den Knaben übertragen worden, so sagt die griechische Philosophie.« Darüber unterhielten wir uns eine Weile, denn mit niemandem hatte er das bislang gewagt. Dann fragte ich: »Wie wollen Sie denn diese Philosophie jetzt zur Praxis machen?« Wir lachten beide, und Erwin begann zu weinen. »Diese Erleichterung«, meinte er, »mit jemandem offen zu reden und ohne diese Angst, das ist einfach großartig.«

Erwin meinte, daß er sich schon damit begnügen würde, Jungen zu bezahlen. »Aber die Gewissensbisse!« Seiner Frau könnte er das doch nicht antun. Ich fragte: »Glauben Sie, daß ihre Frau Sie liebt?« Erwin erwiderte: »Ja, uneingeschränkt ja!« Weiter fragte ich: »Meinen Sie, daß Ihre Frau möchte, daß Sie so leiden wie bisher?« Erwin verneinte dies und überlegte: »Nein, wenn sie das wüßte, dann würde sie mir helfen, auch wenn es für sie unverständlich ist.« Erwin verhalf diese Überlegung zu einer etwas anderen Einschätzung: Einerseits traute er sich nicht zu, ihr das zu erzählen, andererseits glaubte er, von ihr eine stille Einwilligung zu haben. Möglicherweise könnte er später soweit sein, ihr von seinen Empfindungen zu berichten. Jetzt aber wollte er gelegentlich, wenn seine Frau fort war, sich seine Bedürfnisse erfüllen. Wir sprachen über seine schwere Kindheit und den starken Druck, dem seine Generation in den Zeiten der Schwulenverfolgung ausgesetzt war. All das hatte mit dazu geführt, daß Erwin sich weder vorher getraut hatte, schwule Empfindungen zuzulassen, noch jetzt in der Lage war, frei darüber zu sprechen. Erwin kamen Erinnerungen, wie seine Freunde damals über Homosexuelle geredet hatten und wie im Nationalsozialismus das Klima offen aggressiv wurde. An diese Kindheitserinnerungen knüpfte ich an: »Kommen wir auf Ihre Gewissensbisse zurück. Haben Sie das alles allein zu verantworten?«

»Nein, nein, nein!« sagte er. »Ausgesucht hätte ich mir das nicht. Vielleicht stimmt's, ich habe jetzt nur die Wahl, aus meinem Schicksal das Beste zu machen, auch wenn mir das leid tut für meine Frau.« Nach zwei Jahren ist er sich sicher, daß er diese Erfahrungen nicht missen möchte: »Ich hätte mich um etwas ganz Wunderbares betrogen. Das weiß ich jetzt erst richtig.«

Ganz anders verlief das Coming-out von Hans, der ebenfalls verheiratet ist. Er hatte zögerlich Kontakt zu Schwulen an der Universität aufgenommen. Er besuchte dort Vorträge und bekam über einen Referenten Kontakt zur Beratung. Hans war Mitte Siebzig und lebte mit seiner Frau seit Jahrzehnten getrennt von Tisch und Bett. Seinen ersten und bisher einzigen schwulen Freund hatte er in der Weimarer Republik gehabt. Der war in sehr jungen Jahren an einer Krankheit verstorben. Er hatte sich in eine Ehe hineinziehen lassen, eine Art Verkupplung, wie sie wohl damals nicht unüblich war. Hans hatte seiner Frau von seinen Empfindungen erzählt und erlebte sein blaues Wunder: Sie lästerte vor seinen Kindern über ihn und wendete sich immer mehr von ihm ab.

Beide kamen überein, die Scheidung einzureichen. Hans fand Anbindung an ein Schwulenzentrum und ist dabei, zaghafte Versuche in Richtung Kontaktaufnahme zu machen. Auf seine Art hat er es geschafft: Er hat den schweren Verlust in Kauf genommen und hat offen seinen lange ersehnten Weg eingeschlagen. Hans hat weder den Kontakt zu seinen Kindern noch zu seinen angestammten Freunden verloren. Zwar redet seine Frau dort mitunter gehässig über ihn, aber Hans erhält viel Zuspruch. Seine Frau dagegen wird wegen ihres Verhaltens von einigen jetzt gemieden. Hans hat in hohem Alter die Kraft, ein neues Leben zu beginnen. Und trotz des Scheidungskrieges und der ganzen Umstellungen hat er seine Entscheidung nicht bereut. Es geht ihm nicht immer gut damit, aber – so sagte er einmal: »War das vorher anders?« Sehr geholfen hat ihm die Anbindung an eine schwule Institution, denn Hans brauchte nicht nur seelischen Beistand und neue Freunde, sondern konnte auch einen schwulen Anwalt ganz gut brauchen.

Andere meiner Besucher waren nur knapp über sechzig, als sie begannen, sich anders zu orientieren. Ein Beispiel ist Lothar, der sich mit dreiundsechzig für eine Coming-out-Gruppe anmeldete. Zwar habe ihm das »Jungvolk« nicht viel an Einsichten bringen können, doch sei er dadurch mit allem vertrauter und sich seiner Entscheidung sicherer geworden. Seine Freunde hat er dann in einer Gruppe gefunden, an der mehrere Leute über sechzig teilnahmen. »Das war für mich die Ersatzfamilie«, erzählt er. »Denn ich wußte nicht, was kommt. Ich hatte also schon Freunde, als ich dann mein Leben umstellte und mich mit meiner Frau aussprach. Sie hatte viel Verständnis, und wir leben jetzt etwas mehr auf Abstand, aber in einem Haus.

Unsere Verwandten und Bekannten wissen von unserem Arrangement und fragen manchmal, wie das jetzt so läuft. Aber abgewendet hat sich keiner! Wir haben das aber auch nur den besten Freunden erzählt. Die sind auch nicht in Totenstarre gefallen oder sowas. Einer hat gesagt, er sei mit einem schwulen Paar befreundet und hätte da keine Vorurteile. Da hat meine Kusine gesagt: ›Na hör mal! Nur weil wir keine persönlich kennen, sind wir doch auch nicht von gestern! Der Werner Veigl war doch auch so. Und das war doch ein Bild von einem Mann! Da haben wir damals richtig mitgefühlt mit seinem sympathischen Lebenspartner, als er gestorben ist. Die beiden waren doch fast ein Leben lang zusammen.‹ Mein Bruder hat dann gesagt: ›Verstehen kann ich das nicht, aber Liebe ist Liebe.‹«

Unsere Beispiele zeigen: Auch wenn man älter ist, kann man noch festgefahrenen Bahnen entkommen und seine bis dahin getarnten Bedürfnisse mit Einschränkungen verwirklichen. Zeit, die wir einmal verlebt haben, bekommen wir nicht zurück. Ein Grund mehr, unsere noch vorhandenen Möglichkeiten zu entfalten und loszulegen!

Tips für das »silberne Coming-out«

1 Mache dir einen Lebensplan, in dem du festhältst, wie du leben möchtest und welche Probleme du lösen mußt, um ihn schrittweise zu verwirklichen. Sammle alle Probleme, die du auf dich zukommen siehst, und ordne sie in eine Rangreihenfolge ein. Beginne mit den leichtesten Schritten.

2 Ein Coming-out im Vakuum ist am schwersten. Abhilfe: erst in die Schwulenberatung der nächstgrößeren Stadt gehen, zumindest einmal anrufen. Dann Gruppenanschluß suchen.

3 Teste vor, wie deine Angehörigen regieren könnten, indem du einmal vorsichtig das Thema Homosexualität ansprichst, z.B. wenn dazu was in der Zeitung stand oder im Fernsehen war.

4 Besorge dir Literatur über das Schwulsein und das Coming-out. Siehe hierzu die Literaturhinweise im Anhang.

5 Beschäftige dich ausgiebig mit möglichen Folgen deiner Entscheidung – gefühlsmäßig wie formal. Prüfe, ob du die Nachteile, die auf dich zukommen, wenn du deine gewohnten Bahnen verläßt, bewußt in Kauf nehmen würdest. Falls nicht: Prüfe, ob du die Nachteile deines jetzigen Lebens weiterhin in Kauf nehmen möchtest. Wäge alle Vor- und Nachteile einer Entscheidung zu einem schwulen oder teilschwulen Leben ab.

6 Wäge alle Vorteile und Nachteile ab, indem du sie gewichtest und ihnen Punkte von eins bis zehn gibst. Unterm Strich steht dann deine Entscheidung. Diesen Gewichtungsprozeß wiederhole einige Male. Du wirst dir deiner Entscheidung dann sehr viel sicherer sein – wie sie auch aussehen mag.

7 Laß an dir nochmal alle älteren Schwulen dieses Buches und besonders dieses Kapitels vorüberziehen. Von wem möchtest du besonders lernen? Nimm ihn dir als deinen Beistand und frage ihn im Geiste um Rat, wenn du einen brauchst. Stelle ihn dir

bildlich vor, wie er spricht und wie er sich bewegt. Wähle ihn dir als Begleiter für ein Stück deines Weges.

13

Schwule Väter

der Wunsch nach Kindern

Kinderwünsche äußern manche Schwule, wenn sie sich etabliert haben und nun auf alte Träume zurückgreifen. Immer wieder hört man: »Wie schade, daß wir keine Kinder bekommen können!« Demzufolge steigt die Nachfrage nach Alternativen. Auch wenn das Bedauern über die anderen biologischen Umstände keine Altersfrage ist, habe ich doch schon einige Male von Mittdreißigern gehört: »Jetzt wäre alles soweit, um Kinder aufzuziehen!« Manche suchen dann nach Alternativen wie einer Wohngemeinschaft mit Kindern oder einem inoffiziellen Betreuungsverhältnis, wenn ein Paar für sein Kind nicht mehr sorgen kann oder will. Auch Leihmutterschaften werden erwogen und praktiziert.

Andererseits gibt es leibliche schwule Väter mit einem ganz anderen Hintergrund: Für sie ist schon vor dem Coming-out Realität geworden, was die potentiellen »Leihväter« in ihr schwules Leben integrieren möchten. Wenden wir uns zunächst denen zu, die sich als Hetero versucht oder auch empfunden haben und dann doch noch »im besten Mannesalter« die Wende machten.

»Ich hatte mich so bemüht, heterosexuell zu leben, weil Homos für mich irgendwelche schrillen Randfiguren waren.

Das konnte doch nicht ich sein.« Stimmt! Aber schwul war Ludger (43) dennoch. Wenn man nach einem längeren Familienleben am anderen Ufer festdockt, steht man vor dem halben Glas Wasser, und mancher fragt sich: »Halb voll oder halb leer?« Beides ist zutreffend. Nun kommt's drauf an, welcher Hälfte man sich zuwendet.

Schwule Begegnungen mit der Familie im Hintergrund sind schwer zu arrangieren. Walter (38) überbrückte die extreme Distanz zwischen Kleinfamilie und schwulem Leben durch »sexuelle Kontakte zu Männern ohne Gefühl zu investieren. Aber irgendwann habe ich mich furchtbar verknallt – ein wahrer Zusammenbruch. Ich lebte dann ständig in der Angst, meine Frau zu verlieren, in dem Moment, wo sie davon erfahren würde. Bis ich es selbst nicht mehr verdrängen konnte. Es ist irrsinnig, wieviel Energie ich dafür verschwendet habe, für das Verdrängen.«

Dennoch sieht mancher erstmal keinen Weg aus dem Doppelleben heraus. Doppelte Lust bedeutet ihnen doppelter Frust, da sie sich weder im alten noch im neuen Leben zurechtfinden. Soziales Wohlgefühl erscheint den Gestrandeten vorübergehend als unerreichbares Gut. Bagatellisierungen werden dann zur Verarbeitung des Zwiespalts eingesetzt: »Andere Väter sind doch auch schwul und lassen es sich nicht anmerken. So schlimm kann es nicht sein.«

Fest steht für den Zweifler nur, daß er schwule Bedürfnisse hat und »daß ich mein gewohntes Umfeld, meine Familie, nie verlassen kann.« Diesen Widerspruch in sich können die meisten irgendwann nicht mehr verkraften. Sie berichten, wie langsam eine »innere Spannung« entsteht, wie »Kopfschmerzen einsetzen«, das »Leben sinnlos erscheint«. »Zunächst ist es Angst, ein schwerer Druck in der Magengegend, der permanent da ist. Und diese Angst ist »breit gefächert, betrifft auch die Firma, geht über die ganze Lebenspalette hinweg. Ich habe mich in der Zeit unglaublich erpreßbar gefühlt.«

Am anderen Ufer immer noch anders

Das schwule Leben bedeutet für schwule Väter keineswegs, sofort von ihrer alten Rolle frei zu sein. Am anderen Ufer angekommen, stellen sich die alten Probleme umgekehrt. Heiner: »Ebenso schlimm war das Verheimlichen dem Freund gegenüber, daß ich verheiratet bin. Ich habe heute noch schreckliche Angst, das zu offenbaren, wenn ich jemanden kennenlerne.« Diese Erfahrung machte auch Wilhelm. »Nun fang' bloß nicht schon wieder mit deinen Kindern an!« mußte er sich in Schwulenkneipen manchmal anhören.

Jürgen: »Wenn ich erzähle, daß ich Vater bin und mit meiner Frau zusammenlebe, kommt mitunter Ablehnung. Man fühlt sich nirgends richtig wohl, in der Heterowelt längst nicht mehr, und auf der anderen Seite steht das Gefühl auch nicht hundertprozentig schwul zu sein, das Gefühl, ich komme dort auch nicht zurecht.« Werner: »Das geht mir heute noch so, daß ich echt zwischen allen Stühlen schwebe.«

Das ist überwindbar oder auch gänzlich vermeidbar. Denn viele Schwule mit Kindern berichten über ganz andere Erfahrungen. Klaus (41): »Ich habe einen festen Freund, der fasziniert von meinem Vatersein ist und es genießt, jetzt auch praktisch Kinder zu haben.« Manche arrangieren sich sogar ein teilschwules Leben, das die Ehefrau akzeptiert. Andere wiederum treten in Kontaktanzeigen und auch sonst beim Kennenlernen ganz offen als Väter auf und erleben dafür keine Dauerabfuhr. Sie fühlen sich auch nicht hin-und-her-gerissen, sondern bereichert: »Ich möchte mein Leben als Vater nicht missen, das als Schwuler auch nicht. Wo ist das Problem? Sicher gibt es Leute, die sich daran stören. Woran stören sich Leute nicht? Du mußt halt schauen, daß du die richtigen Menschen triffst. Und du mußt dich davon befreien, daß man entweder-oder ist. Ich bin sowohl-als-auch.«

Nach einer etwa zwanzig Jahre alten Erhebung der Soziologen Dannecker und Reiche wußten etwa ein Drittel der Ehefrauen von der Homosexualität des Gatten vor der Ehe, ein weiteres Drittel hat es später erfahren und das letzte Drittel nie. Heute, also zwanzig Jahre später, wissen wohl eher noch mehr Frauen von den wahren Gefühlen ihrer Männer. Auch wenn das für sie einen schweren Verlust bedeuten kann. Manche reagieren dann haltlos: »Besuche, Weihnachten und Geburtstage wurden bei einigen bald Anlässe zu Tränen und Vorwürfen.« Ein Vater wurde von seinen Kindern gefragt, »ob sie gewollt waren. Sie fragten mich, ob sie versehentlich gezeugt wurden. « Ein anderer erlebte nach der Trennung, wie seine Frau den Freund anrief und »ihn beschimpft, ob er überhaupt wüßte, daß er eine Ehe kaputt und zwei Kinder unglücklich macht.« Ein »Ausrutscher« befindet er später, da es sich ja wieder eingerenkt habe. Überhaupt stehen solchen Erfahrungen auch ganz andere Erlebnisse gegenüber, bei denen sowohl die Ehefrau als auch die Kinder sich sehr gefaßt und verständnisvoll zeigen.

Aber jemand, der seine Sexualität ablehnt, zieht sich leicht den Schuh an, den moralisierende Medien und Politiker gern allen Schwulen überziehen: »Ich kann nächtelang nicht mehr schlafen«, berichtet da einer, »weil ich Sex in der Sauna hatte.« Ihm sei gesagt worden, daß er sich dabei doch hätte anstecken können. »Gefährde ich jetzt meine Frau und Kinder?« fragt er verzweifelt den Berater. Vor einem halben Jahr sei er soweit gewesen, mit seiner Frau darüber zu sprechen und sich einer Gruppe schwuler Väter anzuschließen. Dann kam Angst vor Aids auf: »Was ich da seit ein paar Jahren mache, alle drei Wochen in die Sauna zu gehen, das konnte ich langsam verkraften. Aber jetzt reißt mich diese Angst, Unschuldige gefährdet zu haben, mit einem Mal um.« Unbewältigtes Schwulsein kann sich mit Infektionsangst zu einem explosiven Gemisch vereinen, das sowohl die familiäre als auch die schwule Sexualität vermiest.

Da nutzt das Wissen um Safer Sex mitunter wenig. Viele zermartern sich aber dennoch das Hirn, ob Wichsen in der Sauna oder andere Berührungen von Mann zu Mann bereits ihre Familie gefährden. Hier kann der Kontakt zu einer Schwulenberatung oder Aidshilfe wichtige Dienste leisten. Die Angst vor dem Schwulsein schlägt bei manchem in unrealistische Angst vor dem Virus um. Dann hilft es, die Angst vor dem neuen Leben, vor der Ungewißheit des Schwulseins und die über viele Jahre verinnerlichten schwulenfeindlichen Bilder abzubauen.

Der amerikanische Therapeut Edward Dunne beschäftigte sich mit solchen verinnerlichten finsteren Bildern von der sexuellen Orientierung und versuchte Vätern in Rollenspielen die Angst vor der Offenbarung den Kindern gegenüber zu nehmen. Dabei nähern sie sich langsam und zunächst im Trockenschwimmkurs der angstbesetzten Situation an. »Eines der auffallendsten Phänomene« sieht er in der »anfänglich nahezu vollständigen Unfähigkeit dieser Männer, sich dieser Aufgabe anders als mit grabesernster Stimme zu nähern.« Die Gruppendiskussionen ergaben, »daß keiner sich irgend etwas Positives für die Kinder von der Enthüllung versprach.« Hier setzte Dunne an, denn die Väter hatten die eigene Angst vorm Schwulsein auf ihre Kinder übertragen. Diese Homosexualitätsangst wurde bearbeitet, um die Erwartungsängste, die Kinder könnten Daddys sexuelle Orientierung ebenso negativ sehen wie der selbst, abzubauen. Sechs Monate danach fühlten sich die Väter selbstbewußter und erlebten das Gespräch mit den Kindern nun eher als Befreiung. Für schwule Familien gibt es keine gesellschaftlichen Vorbilder oder Rollenmodelle. Erleichterung schafft die Vorstellung, daß man trotz eines schwulen Lebens noch ein gutes Verhältnis zu seinen Kindern bewahren kann und keineswegs

»alles« aufgibt, was einem bislang lieb war. Auch wenn wir für die Kooperation mit der Familie keinen Garantieschein bekommen, kann die Hoffnung auf weiterhin liebevolle und freundschaftliche Verhältnisse ein anspornendes Ziel sein.

Schwule Paare, die Kinder wollen

Der Psychologe Helmut Kentler hält Schwule sogar für besonders gute Väter. In einem Gutachten für den Berliner Senat legte er dar, weltweite Untersuchungen hätten keinerlei Anzeichen dafür geliefert, daß Lesben oder Schwule schlechtere Eltern wären oder bei den Kindern Entwicklungsschäden verursachten. Professor Kentler befürwortet deshalb auch, daß Schwule, die keine leiblichen Väter sind, Kinder in Pflege oder Adoption nehmen können sollten. Sie seien oft »besonders gebrauchte und willkommene Pflegepersonen...weil sie keine Anpassung an so komplizierte Strukturen wie eine Familie verlangen müssen.« Besonders mit älteren Kindern kommen sie besser zurecht, während heterosexuelle Pflegeeltern die Pflegeverhältnisse oft abbrächen. Kentlers Gutachten zeigte Wirkung: Zwei schwulen Erziehern wurde das Recht auf ein Pflegekind zuerkannt. Das allerdings ist bislang die Ausnahme in der Bundesrepublik. Das Adoptionsrecht in der BRD gesteht Schwulen derzeit noch keine Kinder zu. Und Pflegekinder können einem jederzeit entzogen werden.

Tratsch im Treppenhaus?

Aber ganz gleich, ob Schwule ihre eigenen oder andere Kinder bevätern, können Tratsch im Treppenhaus und Hänseleien in der Schule Eltern wie Kinder auf eine Belastungsprobe stellen. Untersuchungen zeigen aber, daß diese Proben bestanden werden können. Wegen »dummer Anmache« nämlich üben Väter und Kinder oft den Schulterschluß. Sie wissen, daß die Sprüche und Witzeleien Unrecht sind und können, wenn sie sich darüber austauschen, eine besondere Art von Nähe entwickeln.

In den letzten Jahren formierten sich einige Gruppen mit Namen wie »Lesben/Schwule mit Kinderwunsch«. Ich habe in unserer Beratungsstelle einige Schwule kennengelernt, die nach Möglichkeiten suchten, Kinder zu »bekommen«. Ronald ist Mitte Dreißig und erklärt das so: »Mein Freund hat einen sehr guten Job, und ich mache den Haushalt oder erledige ein paar Arbeiten für ihn. Ich bin nicht so der Karrieretyp. Ich habe andere Interessen, und eine davon wäre das gemeinsame Leben mit Kindern. Bei uns wäre für alles gesorgt. Wir können sehr stabile Verhältnisse vorweisen – menschlich wie materiell. Ich habe jetzt sehr stark das Bedürfnis, bevor ich zu alt werde.«

Die Wege dahin sind noch steinig, aber wer die Kraft dafür aufbringen kann, hat Chancen.

Kleines ABC zum Kinderkriegen

– Wende dich an das zuständige Jugendamt und lasse dir die Unterlagen für Pflegschaften zusenden. Die regionalen bzw. kommunalen Behörden entscheiden sehr unterschiedlich. Das Pflegschaftsverhältnis hat den Nachteil, daß es einseitig schnell aufgekündigt werden kann – z.B. wenn die Eltern sich das anders überlegen und das Kind wiederhaben wollen. Oder – auch das ist schon passiert – wenn du umziehst und die neue ortsansässige Behörde anders entscheidet als die vorige. Unbedingt also vorher erkundigen!

– Es gibt Gemeinschaften von Lesben und Schwulen, die in gegenseitigem Einvernehmen ein Kind mit dem Ziel zeugen, daß ein schwules Paar oder ein Schwuler das Kind großzieht. Der Weg ist etwas abenteuerlich: Kleinanzeigen in Szenezeitungen (allgemeine Magazine oder Lesben-Publikationen), Aushänge in Kommunikationszentren, Kontakt zu den erwähnten Interessengruppen über die Schwulen/Lesbenberatungen suchen.

– Kontakt zur schwulen Rechtsberatung aufnehmen oder sich über die Infotelefone einen schwulen Anwalt nennen lassen, der sich damit auskennt. Die Gesellschaft befindet sich in einem Wandel, und deshalb ist es wichtig, jeweils auf dem aktuellen Stand zu sein. Ein Anwalt kann sich über die neueste Entscheidungslage schnell kundig machen und eventuell mit dir einen gangbaren Weg ausarbeiten.

– Auch ein schwuler Notar kann behilflich sein, um Partnerschaften finanziell bei Unglücksfällen abzusichern oder um das Verhältnis mit den leiblichen Eltern vertraglich zu regeln. Zwar sind solche Verträge nicht mit der sichereren Rechtslage bei Heteropartnern vergleichbar, doch kann man einigen Streitereien gezielt vorbauen.

– Weiterer Schleichweg: Über das Adoptionsrecht können auch Einzelpersonen Kinder adoptieren. Allerdings keine schwulen Paare. Daraus folgt: Du brauchst eine dem Sachbearbeiter plausible Erklärung für deine Lebenssituation oder eine Alibifrau. Womit wir wieder bei den Anzeigen und Aushängen wären.

– Kontakt zu politischen Gruppen kann dir Informationen darüber erbringen, wie die Einzelfallentscheidungen in deiner Region derzeit aussehen.

– Die Wahrscheinlichkeit, daß Schwule eines Tages leichter Kinder in Pflege nehmen oder sogar adoptieren können, steigt mit der Anzahl engagierter Gruppen, die über die Parteien und Gremien einen Entscheidungsdruck bewirken. Hierzu ist noch die kontinuierliche Arbeit von Interessengruppen vonnöten. Denn selbst die skandinavischen Länder haben das Tabu über Schwule als Eltern längst nicht abgelegt. Auch wo schwule amtlich registriert und »abgesegnet« werden, wird den Betroffenen noch das Adoptionsrecht verweigert.

14

Kleines Sicherheitsbrevier

wie man sich vor Gewalt schützt

In jedem Alter, also auch als älterer Schwuler, kann man Opfer von Gewalttaten werden. An dieser Stelle kann ich nur ganz grundlegende Hinweise geben, wie du dein Leben schützen und wie du mit verbalen Angriffen umgehen kannst.

Blind-Dates

Wenn du jemanden einlädst, solltest du irgendeine Adresse oder mindestens Telefonnummer von ihm haben. Einige Täter arbeiten nach diesem Muster: Sie rufen ihre Opfer an und haben allerlei Ausreden dafür, warum sie kein Telefon oder keine Anschrift besitzen, z.B.: »Wohne nur übergangsweise hier« usw. Manchmal beantworten Leute mit Raubabsichten Kontaktanzeigen, manchmal geben sie welche auf und sammeln erstmal die Adressen. Bis sie antworten, haben sie schon ihre Wohnung gewechselt bzw. sich die Post an eine Deckadresse schicken lassen, über die man sie nicht ermitteln kann. Wenn die Polizei kommt, heißt es nur: »Ja, ja, da hat mal vorübergehend einer in unserem kleinen Zimmer gewohnt, den kannten wir auch nicht genau« – was sogar stimmen kann. Wenn du solch einen Anruf bekommst, frage nach, auf welche Anzeige derjenige dir schreibt. Wenn er dir das nicht sagen kann oder die Anzeige schon Monate alt ist, laß die Finger davon oder treffe diesen Anrufer ausschließlich in einem Lokal, wo er gesehen wird! Ist dir irgendwas nicht geheuer, nimm ihn nicht mit in deine Wohnung. Auch nicht, wenn er sagt, er sei jetzt aus X-Dorf gekommen, und da fahre kein Zug mehr hin. Sage, um Bedrängnis zu vermeiden, am besten gleich am Telefon, daß ihr Essen geht. Frage ihn dann, woher er kommt und ob er um die Zeit abends noch zurück kommen kann – falls ihr euch nicht füreinander erwärmen solltet.

Laß ihn auch wissen, daß du einem Freund von deinem Blind-Date erzählt hast und daß der dich heute abend noch anrufen wird. Denn falls du deinen Bekanntschaft mitnehmen möchtest, hast du eine zusätzliche Absicherung.

Häufiges Vorgehen bei Wohnungsraub ist es, etwas ins Getränk oder Essen zu träufeln – sogenannte K.o.-Tropfen. Sollte dir also irgend etwas doch nicht geheuer sein, beobachte genau, was du zu dir nimmst.

Waffen

Wo immer du mit Waffen bedroht wirst: Gib sofort auf! Gib den Angreifern sofort dein Geld. Selbst erfahrene Kampfsportler gehen in solchen Situationen kein Risiko ein. Denn sie wissen: Einen Waffenangriff abzuwehren ist immer riskant, bei manchen Waffen auch unmöglich. Schreie auch nicht! Ein Täter, der Waffen trägt, ist nicht einzuschätzen. Er könnte dann durchdrehen und dich umlegen. Verhandle lieber und sag ihm: »Mein Leben ist mir lieber. Hier sind meine Safe-Schlüssel, hier ist mein Bargeld, hier mein Autoschlüssel. Laß mich dafür leben!« Eigenbewaffnung wiederum mit CS-Gas oder Schußwaffen ist für den Laien ein Risiko mehr. Der Angreifer kann deine Waffe oft leicht gegen dich einsetzen. Bedenke: Der hat mit Sicherheit mehr Übung und Nerven als du!

Selbstbewußtsein

Das Gerücht kursiert hartnäckig, man könne Gewalttaten einfach durch schwules Selbstbewußtsein abwenden. Zum Teil nährt sich dieser gefährliche Irrtum aus einer unsinnigen Verallgemeinerung: Eine kriminalistische Studie aus Hannover hat ergeben, daß 86% der Frauen, die sich gegen Angreifer gewehrt hatten, damit den Angreifer zum Aufgeben brachten. Nur: Gewalt gegen Frauen ist in der Regel anders motiviert als Gewalt gegen Schwule – zumal Raub! Der Laie kann schwer unterscheiden, ob eine Situation bedrohlich ist oder nicht und welche Art von Gegenwehr angebracht ist. Wenn du hierzu keine speziellen Kurse besucht hast, gilt: Lieber aufgeben und dein Geld nehmen lassen als dein Leben. Präventiv wirkendes Selbstbewußtsein ist zunächst einmal, sich keine Geschichten erzählen zu lassen, warum jemand heute nacht unbedingt bei dir übernachten muß, sondern klare Grenzen setzen und definitiv nein sagen können – sofern dir irgendwas nicht geheuer ist. Selbstbewußtsein heißt hier nicht, einen Täter durch markiges Auftreten in die Flucht zu schlagen, sondern zu deinen Befürchtungen zu stehen und zu sagen: Ich bin mir jetzt unsicher! – wenn dem eben so ist. Sofern deinem Bekannten was an dir liegt, respektiert er das.

Telefonische Partnervermittlung

Wenn du über Telefon-Lines Kontakte knüpfst, falle nicht zu später Nacht auf diese Nummer herein: »Geil, ich mache alles, was du willst, komm zum S-Bahnhof XY.« Wer Kontakte knüpfen will, kommt zu dir oder lädt dich ein, er trifft sich aber nicht an dunklen, unüberschaubaren Orten mit dir. Auch wenn es mitten in der Nacht ist: Sicherer ist, sich in einer Kneipe treffen, nicht irgendwo an einem abgelegenen Ort. Sicher haben die meisten, die den Telefonservice anrufen, gute Absichten. Ich möchte auch keine Angst schüren, aber habe in sehr seltenen Fällen eben von unkoscheren Angeboten gehört.

Zu dir oder zu mir?

Ohne Frage, bei ihm bist du sicherer. An den Ausflüchten, warum ihr nicht zu ihm könnt, kannst du vielleicht erkennen, daß etwas nicht ganz in Ordnung ist. Frage dann gezielt nach, um dir ein Bild zu machen.

Vielleicht präsentiert dir dein Partner auch, wenn du ihn in der Kneipe kennengelernt hast, Gründe, weshalb er unbedingt mit zu dir müsse. Werde hellhörig, auch wenn es hier keine eindeutigen Kriterien gibt.

Fahrzeug

Täter, die es auf deine Habe absehen, kommen nicht mit dem Auto – darüber könnte man sie später identifizieren. Nun gibt es aber viele Gründe, kein Auto zu fahren. Wenn du ein Blind-Date hattest, und du entschieden hast, ihn mitzunehmen, fahre mit einem Taxi – auch wenn du einen polierten Schlitten in der Garage hast. Der Taxifahrer ist ein weiterer Zeuge, der einem Täter unbequem sein könnte. Außerdem erweckst du nicht gleich den Eindruck, daß du über viel Geld verfügst. Dies könnte ein weiterer Punkt sein, der dem Angreifer die Lust raubt, weil du es ihm einfach zu schwer machst und er merkt, daß da Methode drin steckt. Niemand, dem wirklich an deiner

Person gelegen ist, wird dadurch abgeschreckt, und jemand, der ehrlichen Sex für vereinbartes Geld liefert, auch nicht.

Gespräche über Geld

Wenn dein Gegenüber versucht, etwas über deine ökonomische Lage in Erfahrung zu bringen, antworte zurückhaltend oder gar nicht. Wenn dir seine Fragen merkwürdig vorkommen, frage, warum er das fragt. Wenn du den Eindruck hast, er will dir gezielt auf den Zahn fühlen, sei wachsam! Antworte mit Gegenfragen: Wie es denn bei ihm so aussieht und wovon er lebt. Vielleicht komplettiert sich so dein Bild von ihm.

Parks und Klappen

Alle Fummelorte sind begehrtes Ziel für Taschendiebe. Fast erübrigt sich daher zu sagen, daß man günstigerweise keine größeren Geldbeträge oder sonstige Wertsachen oder Ausweise mit dorthin nimmt. Sofern eine Flucht möglich ist, wirf bei Bedrohung deine Geldbörse in Richtung Angreifer und laufe in die andere Richtung. Wenn du solche Orte anläufst, gehe langsam an den Ort des Geschehens heran und beobachte, ob dort auch tatsächlich Schwule sind. Wenn meilenweit nur drei Leute sichtbar sind und gar kein sexuelles Praktizieren erkennbar ist, könnte es sein, daß du einem Lockvogel auf den Leim gehst. Natürlich gibt es auch hier keinen absoluten Schutz. Aber Vorsicht kann schon schützend sein. Von Orten, die im Gay-Guide mit ayor (Auf dein eigenes Risiko) gekennzeichnet sind, werden öfter Raubtaten berichtet. Wer sicher gehen will, besucht Darkrooms und Klappen innerhalb von Kneipen. Dort ist Taschendiebstahl wohl das einzig zu erwartende Delikt. Abhilfe: leere Taschen.

Kein Eigentum verteidigen!

Wie gefährlich ein Täter ist, kannst du nicht einschätzen. Deshalb rate ich, niemals Eigentum zu verteidigen. Denn auch wenn der Täter allein erscheint und keine Waffen präsentiert, kann sich das im nächsten Moment ändern. Nehme immer nur soviel Wertgegenstände mit, wie du auch als Auslösesumme abzugeben bereit wärst, wenn du überfallen wirst. Diese Bereitschaft ist wesentlich, um sich nicht unnötig zu gefährden. Wenn ich die Wahl habe, in einer ungerechten Welt zu überleben oder zu sterben, dann wähle ich die erste Möglichkeit. Und du? Die Welt wird auch nicht gerechter, wenn du dein Leben aufs Spiel setzt. Außerdem: Was ist gerecht daran, daß manche Menschen nicht lernen konnten, ihren Lebensunterhalt auf ehrliche Weise zu verdienen? Was ist gerecht daran, daß manche Menschen sich Reisen, teure Wohnungen und Autos leisten können und andere kaum das Existenzminimum verdienen können? Ich stelle diese Überlegungen an, damit ich im Ernstfall nicht mit Wut und unüberlegt, sondern möglichst besonnen reagiere. Das bedeutet: Sich keinem Täter in den Weg zu stellen, niemanden festzuhalten und niemanden zu beschimpfen.

Geldscheine und dicke Portemonnaies

Wenn du in Gegenden bist, wo häufig geklaut wird, nimm dir kleine Geldscheine bis max. 20 DM mit und verteile sie auf mehrere Taschen. Wenn du einen Riesenschein über den Tresen reichst, kann er dir schnell von hinten weggezockt werden. Auch behältst du so noch etwas fürs Taxi übrig, falls dir dein Portemonnaie »abhanden« kommt. A propos Taxi: Bevor du morgens um vier durch irgendwelche einsamen undurchschaubaren Gassen zu deinem Hotel zurück gehst, überleg dir, ob dir die paar Mark deine Sicherheit wert sind. Als Urlauber bist du oft leicht erkennbar und etwaige Täter wissen, daß Leute, die sich Flüge leisten können, eben auch sonst nicht am Hungertuch nagen. Wenn du zudem noch gebrechlich und allein bist, trägst du alle Merkmale eines potentiellen Opfers. Wenn du zusätzlich noch eine teure Kamera und eine Rolex mit dir trägst, bist du nicht gerade für einen Spaziergang durchs Armenviertel von Santiago vorbereitet.

Wie reagiere ich bei Beschimpfungen?

Auch Beschimpfungen sind Angriffe. Und möglicherweise sind Verbalattacken die Vorstufe zu physischer Gewalt. Eben deshalb sind pauschale Anweisungen wie »Selbstbewußtsein zeigen!« oft ein gefährlicher Rat. Wenn dann auch noch Selbstbewußtsein mit Gegenbeleidigung verwechselt wird, kann man sich schnell in eine Aggressionsspirale verwickeln. Der aggressive Beleidiger sieht dann deine Gegenwehr eventuell als die noch schlimmere Provokation an. Entweder er ist bereits auf Krawall gebürstet und sucht nur noch einen Anlaß, oder er nimmt selbst nicht mehr wahr, daß er den Konflikt angezettelt hat. Ich schlage deshalb vor, in unabwägbaren Situationen mit unbekannten Personen kein Techtelmechtel einzugehen. Für manchen hat so etwas im Krankenhaus geendet. In meinen Workshops wird manchmal entgegnet: »Aber ich kann mir doch nicht jede Beschimpfung gefallen lassen!« Meine Entgegnung: »Doch, du kannst. Und viele Menschen machen das auch, wenn ihnen Nummer Sicher wichtiger ist als der Punktekampf.« Mehr noch: Aus der Arbeit mit aggressiven Menschen weiß ich, daß diejenigen, die glauben, sich nichts gefallen lassen zu dürfen, auch häufiger in tätliche Auseinandersetzungen verstrickt sind und somit auch häufiger Opfer werden. Denn ob man einen Kampf, auf den man sich einläßt, gewinnt oder nicht, ist in der Regel unabsehbar. Selbst für Kampfexperten. Der Angreifer kann selbst Experte sein, und zudem wird er über weniger eingebaute Hemmungen verfügen als der Durchschnittsmensch. Fairness und Achtung des Sparringpartners kannst du beim tätlichen Angriff nicht voraussetzen.

Deshalb ist Vorsicht angebracht und Grundsatz Nummer 1 zu beachten: *Reibereien mit uneinschätzbaren Personen vermeiden.* Wie schafft man das innerlich? Wer eine Pöbelei als Verletzung seiner Person versteht, wird wohl schneller zurückblöken als jemand, der eine Gefahrenabwägung vornimmt und nicht jede Beleidigung auf sich bezieht. Nun kommt oft der Einwand: »Aber ich kann das doch nicht auch noch gut finden, wenn ich beschimpft werde!« Das hielte ich auch nicht für angemessen. Aber wenn ich für alles, was ich nicht gut finde, Leib und Leben aufs Spiel setze, wie weit werde ich dann kommen? Selbst wenn ich mich unangemessenerweise durch die Äußerungen eines anderen herabgesetzt sehen sollte, kann ich immer noch abwägen, ob mir die Bearbeitung des seelischen Schmerzes nicht besser bekommt als ein zerschlagenes Gesicht oder Schlimmeres. Wenn ich mich vorher »erniedrigt« gefühlt habe, werde ich das hinterher ebenso. Zwar habe ich dann eine Chance genutzt, zu siegen, aber ich habe eine sehr große Wahrscheinlichkeit in Kauf genommen, neben »der Ehre« auch noch die Unversehrtheit zu verlieren. Nochmal: *Jede Gefahrenabschätzung beinhaltet ein Risiko.* Plötzlich zieht der Täter eine Waffe, oder eine Gruppe taucht auf, oder der Angreifer ist geübter Straßenkämpfer. Risiken über Risiken. Und vielleicht hat der Täter auch noch Zeugen, die hinterher bestätigen, daß ich ihn beleidigt habe.

»Aber als selbstbewußter Schwuler muß man doch solchen Leuten Einhalt gebieten!« wird manchmal gesagt. Ich glaube das definitiv nicht. Ob ich den anderen Einhalt gebieten kann, ist dann schon wieder etwas, was nicht in meiner Macht steht, wenn z.B. die Gegenseite brutaler kämpft, besser bewaffnet oder in der Überzahl ist. Wie sinnvoll ist es, von mir etwas zu fordern, was nicht in meiner Macht steht? Ich kann mich natürlich persönlich dafür entscheiden, das Spiel zu wagen. Eine solche Entscheidung kann dir niemand abnehmen. Aber ich möchte deutlich machen, daß der Preis für Gegenwehr eben sehr hoch sein kann. Wohlgemerkt spreche ich über Situationen, denen ich noch ausweichen kann, nicht über Angriffe, bei denen ich schon in die Enge getrieben wurde und nur noch die Wahl habe, mich zu wehren oder umgehauen zu werden. Ein Verhaltenskonzept dafür kannst du nur in speziellen Kursen unter Anleitung trainieren. Schon die Einschätzung, ob mir weitere Gefahr droht oder nicht, wenn ich auf Provokationen reagiere, ist sehr subjektiv und kann nicht in einem Buch gelehrt werden. Allein schon deshalb argumentiere ich hier sicherheitshalber gegen folgenschwere Verstrickungen. Immerhin laufen Gewalttaten meistens nicht so ab wie im Fernsehen, wo das Gute siegt und jemand nach mehreren Stößen ins Gesicht wieder aufspringt und »selbstbewußt« den Angreifer alle macht. Das ist dummes Zeug! In der Realität gibt dir ein geübter Angreifer vielleicht nur eins auf die Nase, und du stehst nicht wieder auf. Ich halte es für sinnvoll, sich das zu überlegen, bevor man unnötigerweise in eine Gefahrenzone eintritt.

Selbstbewußtsein, wie ich es verstehe, bedeutet, nicht jeden dummen Spruch ernst zu nehmen, sondern selbstbewußt abprallen zu lassen, indem ich dem Beschimpfer nicht innerlich auch noch recht gebe und selbst glaube, ich sei als Schwuler nicht okay. Ich akzeptiere, daß es leider schwulenfeindliche Macker gibt, auch wenn ich das nicht mag. Selbstbewußtsein heißt für mich: »Ich bin okay, auch wenn ein Krawallbruder mich bepöbelt. Schade, daß er das nötig hat. Aber ändern kann ich's nicht.«

All das mag ein wenig anders sein, wenn man durch Training auf solche Situationen vorbereitet ist und Gefahren einzuschätzen gelernt hat. Und das mag auch anders sein, wenn die Pöbelei bereits verbunden damit ist, dich körperlich anzugehen oder an die Wand zu drücken. Dann halte ich als letzte Möglichkeit die überraschende und impulsive verbale und physische Gegenwehr für angezeigt. Ansonsten: Jeden Täterkontakt vermeiden. Viele Sportvereine und spezielle Unternehmen bieten dazu Crashkurse an, die dich zwar nicht unbesiegbar, aber für eine vielleicht entscheidende Sekunde, in der du keine Wahl mehr hast, sicherer machen.

Ein alter Samurai empfiehlt, rüpelhafte Bemerkungen als persönliche Übung zu nutzen, die Selbstbeherrschung und Besonnenheit zu schulen. »Ein Samurai-Philosoph kümmert sich nur um seine eigene Reaktion auf Flegeleien anderer.« Er beschäftigt sich »nicht mit der Flegelei selbst, so schlimm sie auch immer sein mag. Reagiert er mit Ärger auf den Ausrutscher eines anderen, so hat er seine Selbstkontrolle verloren. Er hat gerade dann seine Fähigkeit, ruhig zu kämpfen, verloren, wenn er sie brauchte und somit den Fehler der anderen Person zu seinem eigenen Fehler umgewandelt.«

Auch ein erfahrener japanischer Krieger empfiehlt also schon, sich innerlich nicht von Beleidigungen treffen zu lassen und sich auf keine Provokation einzulassen. (Aus: Thomas Preston: Samurai-Geist, Kristkeitz Verlag 1991)

Typisches Beispiel für vermeidbaren Täterkontakt demonstriert ein schwules Paar, das vor einer Disko aus einiger Entfernung »Arschficker« zugerufen bekommt. Die beiden drehen sich um und erwidern etwas. Erst daraufhin läuft der Angreifer hinter ihnen her und schlägt unvermittelt zu. Nicht einmal beide zusammen waren ihm gewachsen. Der Angreifer nutzte die Schrecksekunde und schien ziemlich kampferprobt gewesen zu sein. Auf der Straße waren nur einzelne Personen sichtbar, einige schienen sogar zur Klicke des Täters zu zählen. Erst jetzt flüchteten die Opfer. Ähnliche Fälle habe ich häufiger berichtet bekommen. Ihnen gemeinsam ist die Möglichkeit gewesen, dem Täterkontakt auszuweichen. Durch Abwenden, Weitergehen oder zurück in die Disko gehen. Und: Durch Schweigen. Hinzu kamen in diesem Fall noch wichtige Umfelddaten, denn die Ecke liegt in der Polizeistatistik der Gewalttaten ziemlich hoch. Überlege, welchen Preis du zahlst! Wenn du meinst, Risiken zu vermeiden sei feige, überlege dir ob du lieber feige sein oder zusammengeschlagen werden möchtest.

Harmlose Attacken?

Nicht immer sind aggressive Anmachen mit solchen Gefahren verbunden. Das Problem ist nur, dies zutreffend einzuschätzen. Schwulenfeindlichkeit gibt es in unterschiedlichen Milieus. Wenn ich auf einem Kirchentag bin und jemand sagt, daß Homosexualität Sünde ist, dann sagt er in etwas vornehmeren Worten das gleiche wie ein Straßenrowdy, der mich mit »schwule Sau« anpöbelt. Aber die Wahrscheinlichkeit einer gewaltsamen Auseinandersetzung ist in beiden Fällen völlig unterschiedlich. Wenn ein älterer mit »alte schwule Sau« beschimpft wird, kommt es ebenfalls darauf an, ob er sich in einer der schon beschriebenen unüberschaubaren Situationen befindet oder ob er in einer Disko von einem schwulen Jugendlichen angeblafft wurde. Auch am Arbeitsplatz kannst du wahrscheinlich ganz gut einschätzen, ob pöbelnde Kollegen im Zweifelsfalle gewalttätig werden oder eher nicht. Wenn diese Gefahr nicht besteht, wirst du vielleicht nach Erwiderungen auf solchen Spruch suchen. Wenn man sich vorher schon ein Konzept dazu gemacht hat, ist das wohl leichter.

Auf »schwule Sau« sind verschiedene Erwiderungen denkbar. Ich gehe auch hier davon aus, daß ich hier nicht um mein Selbstwertgefühl ringe, sondern lerne, das daraus zu halten. Voraussetzung ist dabei, daß ich selbst mich nicht mehr innerlich beschimpfe, sondern mein Schwulsein akzeptiere. Nur so kann ich mich von Gegenprovokation frei halten und den Angreifer als irregeführt ansehen. Denn derjenige, der mich beleidigen möchte, kann nichts dafür, wenn ich ihm auf den Leim gehe und mich dann selber minder fühle. Er redet zwar meiner Meinung nach Stuß, ist aber selbser auch ein Opfer von Wertvorstellungen, die ihm leider beigebracht wurden. Ich nehme ihn bei der Verantwortung dafür, daß er diese Abwertungen aufrechterhält, mehr nicht!

Mit Unzufriedenheit über solche Sprüche fallen mir einige Erwiderungen ein. Die einfachste ist: »Nein!« Statt mit Gegenbeschimpfungen aufzuwarten – die dem Angreifer zeigen, daß er einen wunden Punkt getroffen hat – kann man viel überzeugender reagieren, indem man sich nicht aus der Fassung bringen läßt und bestimmt und deutlich kontert. Weniger ist manchmal mehr. Denn durch eine gezielte, aber nicht ausweichende Antwort signalisierst du dem Pöbler, daß du gefaßt bist und dich der Auseinandersetzung inhaltlich stellst, statt selbst zum Pöbler zu werden. Deine geradlinige Haltung kannst du durch Augenkontakt und eine leicht erhobene Stimme noch unterstützen.

– »Du irrst dich: Ich bin ein schwuler Mensch. Deine Verachtung finde ich bedenklich!«

– »Wie kommen Sie zu solcher menschenverachtenden Einstellung?«

– »Wie kommen Sie darauf, daß Menschen Säue sein können?«

– »Verachten Sie auch andere Menschen?«

– »Säue sind bekanntlich weibliche Tiere, und die können höchstens lesbisch, aber nicht schwul sein...«

– »So redet ein anständiger Mensch nicht über andere, auch wenn ihm deren Lebensweise nicht gefällt. Denken Sie mal darüber nach!«

– »Ich finde es nicht in Ordnung, daß du Tiere als Schimpfwort benutzt.«

– »Haben Sie Probleme damit?«

Unterstützen kannst du deine klare Position durch aufrechte Körperhaltung, eine deutliche Artikulation und indem du einzelne Wörter durch Betonung unterstreichst und dabei Blickkontakt hältst. Meines Erachtens bist du überzeugender, wenn du nicht antwortest: »Kehren Sie doch vor Ihrer eigenen Tür!« (Der getroffene Hund beißt!), sondern kraftvoll betonst: »Das finde ich sehr daneben!« Oder: »Was wissen Sie eigentlich über Schwule?«

Durch die Gegenfragen machst du deutlich, daß du dich der Auseinandersetzung stelltst, ohne die Fassung zu verlieren. Jetzt ist dein Gegenüber gefordert! Ein psychologisches Selbstsicherheitstraining kann dich umfassender auf solche Konfrontationen vorbereiten.